Guia para iniciantes do SAP® Financials (FI)

Ann Cacciottoli

Obrigado por adquirir este livro da Espresso Tutorials!

Tal como uma xícara de café expresso, os livros de SAP da Espresso Tutorials são condensados e efetivos. Sabemos que o seu tempo é valioso, por isso, fornecemos informações de forma sucinta e direta, assim, nossos leitores gastam pouco tempo consumindo os conceitos de SAP. Nossos livros de SAP são reconhecidos no mercado por utilizarem instruções e vídeos em estilo tutorial para mostrar, passo a passo, como trabalhar com SAP obtendo bons resultados.

Acesse o nosso canal no YouTube e assista aos nossos vídeos em *https://www.youtube.com/user/EspressoTutorials*.

Se você tem interesse por SAP Finance e Controlling, participe do fórum *http://www.fico-forum.com/forum2/* a fim de obter respostas às suas questões e contribuir para as discussões sobre SAP.

Títulos relacionados da Espresso Tutorials:

▶ Ashish Sampat: Guia para iniciantes do SAP® Controlling
  http://5188.espresso-tutorials.com.br

Ann Cacciottoli
Guia para iniciantes do SAP® Financials (FI)

ISBN:	978-3-96012-925-7
Editor:	Alice Adams
Tradução:	ProLinguo
Revisão:	Daniela Yamamoto-Tew
Design de Capa:	Philip Esch, Martin Munzel
Fotografia de Capa:	istockphoto #131400263 © Jacob Wackerhausen
Design Interior:	Johann-Christian Hanke

Todos os direitos reservados.

1ª Edição de 2018, Gleichen

© 2018 por Espresso Tutorials GmbH

URL: *www.espresso-tutorials.com*

Comentários
Agradecemos qualquer tipo de comentário que você tenha sobre este livro. Envie um e-mail para *info@espresso-tutorials.com*.

Sumário

Prefácio

Em 2001, eu aceitei com prazer uma proposta para participar em um projeto de transformação empresarial para uma grande empresa de embalagem de papel.

O projeto acabou por ser o catalisador para uma bem-vinda mudança de carreira, passando de contadora a profissional tecnológica e, por fim, levando à minha atual função como consultora tecnológica SAP com uma das maiores empresas de consultoria.

Pelo caminho, não apenas vivi em primeira mão os desafios da aprendizagem de novas aplicações de software, como também testemunhei a luta dos usuários finais para cumprirem as expectativas dos seus empregadores quando eram instalados novos sistemas.

O treinamento para um novo software, quando oferecido, nem sempre vem a tempo. É frequentemente realizado meses antes de o usuário ter acesso à aplicação. Quando o usuário tem, por fim, acesso ao software, está em um ambiente produtivo onde não existe a oportunidade de praticar novos conhecimentos ou explorar a funcionalidade, como teria feito no seu ambiente de formação.

A formação pelo fornecedor do software pode não estar disponível a todos os usuários finais: ela é dispendiosa e muitos usuários finais precisam acessar apenas um número limitado de funções específicas. Por isso, pode não fazer sentido para a empresa assumir o custo da formação dada pelo fornecedor. Nestas situações, a formação ao usuário final será desenvolvida internamente. Pode consistir em um documento de instruções passo a passo, apenas contendo o suficiente para conseguir fazer o trabalho, mas faltando informação sobre a razão de certos passos deverem ser realizados. As instruções falham no que diz respeito a munir o usuário final com uma perspectiva do impacto dos dados que são introduzidos.

Além de trabalhar frequentemente com funcionários que têm necessidade de transitar para um ambiente SAP, sou muitas vezes interrogada em eventos sociais "onde posso saber mais sobre o SAP?". Com a multitude de empresas que operam em sistemas SAP, estas perguntas vêm geralmente daqueles que estão considerando procurar trabalho em um ambiente de contabilidade SAP ou talvez daqueles que apenas querem aumentar os seus conhecimentos sobre o software. Eles não querem perder tempo e recursos com aulas e preferem uma opção ao seu próprio ritmo.

Como este livro está organizado

O grupo alvo da *Introdução ao SAP FI* é constituído de pessoas para as quais o SAP é novo ou mesmo pessoas para quem o ambiente contabilístico é novo, que querem uma aprendizagem rápida, econômica e sem stress que pode imediatamente ser colocada em prática no trabalho ou durante uma entrevista para um trabalho. A publicação:

1. Proporciona ao iniciante e/ou usuário casual uma introdução ao SAP FI

2. Fornece instruções simples para registrar transações financeiras básicas ao executar códigos de transação SAP comuns

3. Reforça a aprendizagem com ilustrações

4. Dá ao leitor a oportunidade de praticar ao seu próprio ritmo usando um Sistema Educativo e Demonstrativo via Internet do SAP (IDES)

Em vez de abordar o SAP FI usando a linguagem de consultores experientes ou de técnicos de informação, o livro apresenta conceitos da perspectiva do usuário comercial. O objetivo do livro é capacitar o leitor para entrar com confiança nas transações financeiras básicas e executar relatórios padrão SAP a partir dos menus SAP que o sistema IDES tem.

O Capítulo 1 fornece uma visão geral das Finanças SAP (FI) e descreve de que modo SAP FI está integrado ao resto do pacote do Planejamento de Recursos da Empresa SAP (ERP).

Os Capítulos 2 a 4 são o foco central da *Introdução ao SAP FI*: estes capítulos focam os módulos Ledger Geral (GL), Contas a Receber (AR) e Contas a Pagar (AP). Cada capítulo começa apresentando os objetos dos dados mestres que são necessários antes de a transação poder ser lançada em um sistema SAP. O leitor vai aprender como pode apresentar e criar contas ledger gerais, clientes e fornecedores. Os capítulos fornecem, posteriormente, instruções para vários métodos de introdução de transações no sistema SAP. Por fim, muitos dos relatórios disponíveis são explorados.

O Capítulo 5 fornece as definições de configuração que foram usadas no ambiente IDES quando se escreveu este livro.

Os capítulos fornecem um guia passo a passo para introduzir transações e podem servir também como referência futura. O iniciante no SAP deve ser capaz de rapidamente desenvolver as aptidões mínimas exigidas para navegar na aplicação SAP FI e tornar-se proficiente na introdução de transações e utilização de relatórios SAP FI.

Ao longo do livro, são recomendados exercícios que o leitor pode realizar em um ambiente do Sistema Educativo e Demonstrativo via Internet do SAP (IDES). Presume-se que o leitor esteja familiarizado com o início de sessão no sistema SAP e saiba navegar usando o menu SAP Easy Access, assim como executar códigos de transação SAP clicando no item menu ou introduzindo o código de transação no campo de comando.

Soluções para os exercícios no C Anexo.

Nós adicionamos alguns ícones para destacar informações importantes. São eles:

Dica

As dicas destacam informações, fornecendo mais detalhes sobre o assunto descrito e/ou informações básicas adicionais.

Aviso

Os avisos chamam a atenção para informações sobre as quais você deve estar ciente quando estiver trabalhando nos exemplos deste livro por conta própria.

Finalmente, uma observação com relação a direitos autorais: Todas as capturas de tela impressas neste livro são de direitos autorais da SAP SE. Todos os direitos são reservados à SAP SE. Os direitos autorais são relativos a todas as imagens do SAP nessa publicação. Para simplificar, não mencionaremos os direitos especificamente em cada captura de tela.

1 O que é SAP FI?

Este capítulo faz a introdução ao SAP. Usando o menu Financial Accounting Easy Access como guia, este capítulo inclui uma visão geral do SAP FI e explica como navegar para as transações mais comuns.

1.1 O que é SAP?

SAP é uma empresa de software alemã fundada nos inícios dos anos 1970 e que cresceu até se transformar na maior empresa de software comercial do mundo. O principal produto de software da SAP é conhecido por ERP (Planejamento de Recursos Empresariais). O ERP é um pacote de aplicações de software que pode ajudar as empresas a gerir todos os aspectos das suas atividades comerciais, desde a produção do produto ou fornecimento de serviços até marketing e vendas, e a fazer a contabilidade para reportar resultados de negócios.

Uma vez que a empresa continuou crescendo e respondendo a melhoramentos tecnológicos, o pacote de aplicações também sofreu a mesma evolução. Este livro foca-se em uma das aplicações principais no Pacote Comercial SAP: Finanças SAP, designada por SAP FI.

1.2 Introdução à contabilidade

Antes de analisar o SAP FI, pode ser útil para alguns leitores obter uma explicação de alguns dos aspectos elementares de contabilidade, sem considerar o software. O objetivo principal da contabilidade é medir e relatar informações sobre as atividades de uma empresa de negócios e também fornecer uma imagem da sua saúde econômica. A contabilidade dos tempos modernos remonta a 1200, mas o crédito é frequentemente dado a Luca Pacioli, um frade Franciscano e amigo de Leonardo da Vinci, que nos finais de 1400 definiu, com a primeira publicação, a *contabilidade de duplas* entradas como um processo utilizado em todo o mundo até os dias de hoje.

O termo dupla entrada pode ser mal interpretado por aqueles que estão fora do mundo comercial como sendo a manutenção de dois conjuntos de registros. Na realidade, a contabilidade de duplas entradas refere-se à noção de entradas iguais e de compensação, um débito e um crédito, que são utilizadas para registrar cada uma das transações comerciais. As transações comerciais são registradas em *contas*. As contas podem ser entendidas como compartimentos que reúnem transações para poderem ser resumidas para relatório e análise. Pense em um comerciante que está registrando o dinheiro recebido por uma venda. A entrada dupla seria composta por uma entrada de débito no compartimento ou conta *Caixa* e um crédito para *Vendas*. No fim do dia (ou semana, ou mês), o comerciante pode adicionar todas as entradas na conta *Vendas* para calcular o total da receita realizada. Quando o comerciante tem que pagar uma despesa, tal como o aluguel da sua loja, ele introduz um montante de crédito na sua conta *Caixa* e um montante de débito na sua conta *Despesa de aluguel*. Quando registrar, posteriormente, todas as entradas na conta de caixa, terá o total da sua posição de caixa. Ao subtrair os débitos totais da conta do aluguel ou outras despesas da conta das receitas das vendas, ele também terá uma imagem do lucro realizado da operação da sua loja.

Este exemplo é obviamente muito simples. Na realidade, os negócios mantêm dezenas de contas e, em uma empresa grande, pode haver centenas de contas. O número de contas necessário é ditado pela natureza do negócio e pelos requisitos das autoridades legais e tributárias.

A premissa mais básica da contabilidade de entradas duplas é a seguinte *fórmula de contabilidade*: ativos – passivos = patrimônio. No fim de qualquer período contabilístico, o valor líquido de todas as entradas das contas de receitas e despesas é um aumento (ou diminuição, se as despesas forem superiores às receitas) do patrimônio. O resumo do aumento ou diminuição do valor líquido em todas as contas de receitas e despesas dá uma imagem dos resultados da atividade comercial. O resumo de todos os ativos menos os passivos dá uma imagem do patrimônio líquido do negócio. Os resultados da atividade comercial são apresentados em um formato de certo modo padrão, conhecido por *lucro & perda* ou *relatório* P&L. O patrimônio líquido de um negócio é apresentado em um relatório conhecido por *balancete*. Existem outros relatórios desejados e exigidos para uma empresa comercial, mas estes dois são a essência do relatório financeiro.

Para facilitar a preparação do relatório P&L e do balancete, cada conta no negócio pode ser categorizada como um dos seguintes tipos de contas: ativo, passivo, receitas, despesas ou patrimônio. Vale a pena repetir que cada transação comercial é composta por pelo menos um débito e um crédito para uma ou mais contas.

1.3 Por que SAP FI?

O grande volume de atividade na maioria dos negócios necessita da utilização de software para registrar e resumir as transações comerciais. O SAP FI fornece uma solução perfeita para mapear este volume.

Claro que os requisitos legais e tributários não são a única razão para os negócios captarem e reportarem a informação transacional. Os negócios estão interessados nos detalhes das operações que os vai ajudar a tornarem-se mais eficientes e mais lucrativos. Podem estar interessados em comparar custos de produção transversais a várias fábricas para capitalizar sobre as eficiências de uma fábrica em particular. Podem considerar a rentabilidade de certos produtos ou clientes quando tomam decisões de negócios sobre que produtos devem produzir ou que clientes devem reter. O sistema SAP ERP é um pacote integrado de aplicações, do qual o SAP FI é apenas uma pequena parte muito importante. Outras áreas de aplicações incluem o Controle (relatório de gestão), a Gestão de Materiais (Controle do estoque e custeio do produto), as Vendas e Distribuição e os Recursos Humanos, isto só para designar alguns. Pelo fato de todas as outras aplicações resultarem em transações comerciais, o SAP FI é um pré-requisito para usar qualquer uma das outras aplicações.

1.4 Menu SAP FI

Dentro da aplicação SAP FI existem também vários módulos, nem todos presentes aqui neste livro. A Figura 1.1 mostra os módulos encontrados no caminho da CONTABILIDADE FINANCEIRA do menu SAP EASY ACCESS.

Figura 1.1: Menu SAP Easy Access – SAP FI

Dentre os módulos apresentados, este livro foca o Ledger Geral, as Contas a Receber e as Contas a Pagar. Cada um destes módulos vem com códigos de transação, que você pode executar para introduzir documentos no sistema SAP. Por exemplo, a Figura 1.2 mostra seções do menu Contas a Pagar expandidas com os códigos de transação apresentados do lado esquerdo da descrição do menu. Há duas formas para executar qualquer transação:

1. Aumentar o menu até aparecer a transação pretendida e, em seguida, dar um clique duplo na transação desejada.

2. Introduzir o código de transação no campo de comando no canto superior esquerdo da tela SAP EASY ACCESS e selecionar o ícone ENTER (ou pressionar ⌈Enter⌋ no seu teclado).

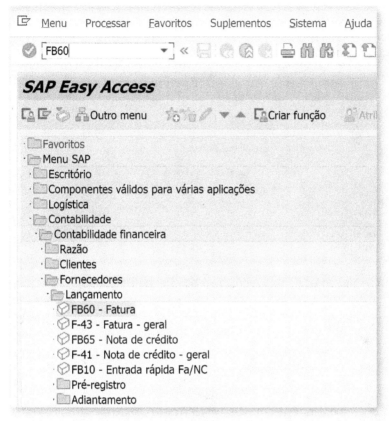

Figura 1.2: Menu SAP Easy Access – Fornecedores

O que faço se os códigos de transação não forem apresentados?

Se os códigos de transação não forem apresentados, escolha SUPLEMENTOS • CONFIGURAÇÕES a partir da barra de ferramentas e certifique-se de que Exibir nomes técnicos esteja selecionado, como se pode ver na Figura 1.3.

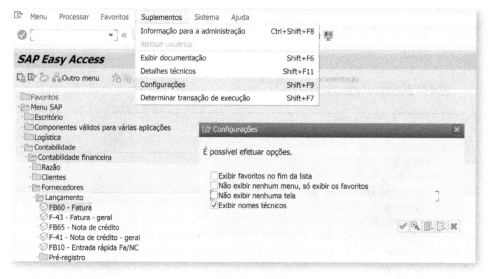

Figura 1.3: Apresentar nomes técnicos (códigos de transação)

Adicionar transações à pasta Favoritos

Você pode adicionar transações à sua pasta FAVORITOS no menu SAP Easy Access. Clique com o botão direito do mouse em uma transação no menu e, em seguida, escolha ANEXAR AOS FAVORITOS. A Figura 1.4 ilustra a adição da transação FB60 à pasta FAVORITOS.

1.5 Documentos SAP

Como é possível ver na Figura 1.4, existem várias transações relaciona-das com documentos. Antes de continuarmos para o capítulo sobre o Ledger Geral, vamos apresentar um documento SAP. Lembre-se, das nossas discussões anteriores, que todas as transações comerciais re-sultam em pelo menos um débito e um crédito para a conta do ledger geral (G/L). Um documento SAP FI representa a reunião de todos os débitos e créditos que pertencem à transação comercial que foi registra-da e guardada na base de dados SAP.

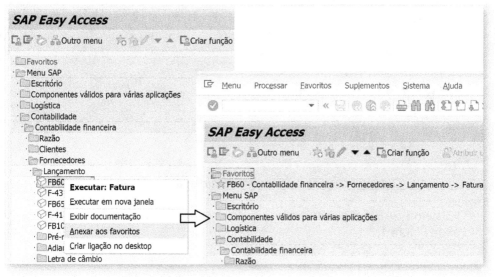

Figura 1.4: Adicionar transações à pasta Favoritos

A partir do menu Ledger Geral, selecione FB03 – EXIBIR, tal como se pode ver na Figura 1.5.

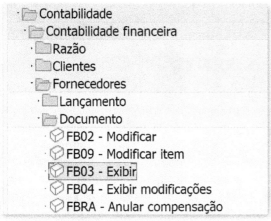

Figura 1.5: FB03 – Display (Apresentar)

Tal como se pode ver na Figura 1.6, selecionamos o número do documento 1800000046, que foi criado para ver o aspecto de um documento FI. Após introduzir o número do documento, o código da empresa e o ano fiscal, selecione o ícone ENTER (✅) ou pressione ⌈Enter⌋ no teclado para ativar o documento.

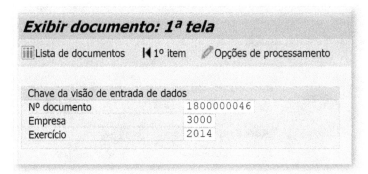

Figura 1.6: Critérios para selecionar um documento para apresentar

O sistema SAP apresenta uma vista do documento, tal como se pode ver na Figura 1.7.

Exibir documento: Visão de entrada

Moeda de exibição   Visão do Razão

Visão de entrada							
Nº documento	1800000046	Empresa	3000	Exercício	2014
Data documento	25.08.2014	Data lçto.	25.08.2014	Período	8
Referência	18703443	Nº geral			
Moeda	USD	Existem textos		Grp.ledgers	

Empr.	Item	CL	CE Conta	Denominação	Montante Moeda	CI	Centro custo	Centro de lucro
3000	1	01	300089	Louis Reed	1.800,00 USD			
	2	50	4766000	Miscellaneous Expens	1.800,00- USD		403	3402

Figura 1.7: Apresentação de documento SAP

Repare que há duas seções na apresentação. A seção superior representa a informação de cabeçalho para o documento, e esta informação pertence a ambas as partes, débito e crédito, do documento. A seção inferior representa o detalhe do item individual. Podemos ver que existe uma conta que recebe um débito (neste caso uma conta de cliente) e outra conta, MISCELLANEOUS EXPENSE (despesas diversas), que recebe um crédito, conforme é evidenciado pelo sinal de menos após o montante.

Veremos mais sobre a apresentação do documento no Capitulo 3.

1.6 Exercícios

Soluções para os exercícios no C Anexo.

1.6.1 Faça login no cliente IDES, aumente o menu e responda às seguintes perguntas

1. Indique três códigos de transação para entrar em um documento contabilístico do Ledger Geral (G/L).

2. Indique três códigos de transação para entrar em um documento de Contas a Pagar (AP).

3. Indique três códigos de transação para entrar em um documento de Contas a Receber (AR).

1.6.2 Adicione a transação FB03 - Apresentar (documento) na pasta Favoritos

1.6.3 Navegue para a tela Introduzir Documento de Conta G/L e saia sem criar uma entrada

Como posso sair de uma transação sem salvar?

 Para sair de uma transação sem salvar a informação introduzida, percorra os ícones na barra de ferramentas para apresentar os seus textos e, em seguida, selecione o ícone EXIT.

2 Introdução ao SAP FI Ledger Geral

Antes de lançar transações para o ledger geral em um sistema SAP, você deve primeiramente entender os dados mestres necessários na ordem para lançamentos a processar. Este capítulo aborda os dados mestres comparativamente com os dados de transação. Você vai aprender a criar ou simplesmente a visualizar os dados mestres. O capítulo também descreve e compara o *Classic GL* da SAP com o *New GL*. Por fim, o capítulo introduz muitos dos códigos de transação que lhe permitem introduzir lançamentos atuais.

2.1 O que são dados mestres de FI?

Uma bela manhã, eu cheguei ao meu banco local para depositar um cheque que tinha recebido. Infelizmente, não me lembrei de trazer comigo um recibo de entrega nem conseguia me lembrar do meu número da conta. O caixa teria que entrar no sistema bancário e descobrir o número da minha conta. O registro no sistema bancário que contém o meu nome, endereço ou outras informações pessoais e o meu número de conta é conhecido como *dados mestres*. Os dados mestres representam (relativamente) informação estática sobre mim, mas de modo algum refletem a atividade que ocorreu ou que vai ocorrer na minha conta. Quando o caixa processa o meu depósito, são registrados dados adicionais no sistema bancário, *dados transacionais*. Sem os meus dados mestres, a transação de depósito não pode ser introduzida no sistema bancário. No entanto, os meus dados mestres podem existir no sistema bancário durante qualquer período, mesmo que nunca haja nenhuma transação introduzida. Por isso, pode-se pensar nos dados mestres como informação descritiva e nos dados de transações como informação de atividade.

Muitos objetos de dados mestres são exigidos para lançar uma transação de ledger geral, dependendo da configuração específica do ambiente SAP. O objeto mais comum exigido é uma conta ledger geral (ou G/L).

2.1.1 Contas G/L

A seção 1.2 introduziu o conceito de uma *conta*. Observando os tipos de contas com maior detalhe, uma conta de legder geral (ou G/L) é um excelente exemplo de dados mestres especificamente relacionados com o ledger geral. Deve existir uma conta de ledger geral antes de as transações poderem ser registradas. Quando uma transação de ledger geral é registrada, ela inclui um número de conta de ledger geral e um montante. A natureza da conta não está incluída no registro de transação; em vez disso, esta informação está incluída em um *arquivo principal* do ledger geral, que contém uma lista de números e descrições da conta do ledger geral.

É possível pensar em um arquivo principal como uma coleção de cartões de índices. Cada cartão detalha o número da conta e uma descrição da conta. Claro que, no sistema SAP, não existem cartões de índice físico; em vez disso, os cartões ou registros estão contidos nos arquivos de dados. O registro do arquivo principal também contém outros atributos para a conta. Por exemplo, o arquivo principal do ledger geral contém informação sobre o tipo de conta (balancete ou lucro & perda), se a moeda da conta é mantida, etc.

Um *quadro de contas* é uma série de contas. O SAP fornece quadros de amostra de contas e é comum as empresas copiarem um quadro de amostra e editá-lo para cumprir os requisitos comerciais específicos da empresa. Além disso, durante o curso do negócio, é frequentemente necessário fazer mudanças ou criar novas contas no quadro de contas.

Nesta seção, vamos explorar a criação de contas G/L no quadro de contas.

Entre as transações que são utilizadas para apresentar e/ou mudar o quadro de contas, vamos explorar o seguinte:

▶ Apresentar, criar ou mudar uma conta no quadro de contas (*FSP0*)

▶ Apresentar, criar ou mudar uma conta atribuída a um código de empresa (*FSS0* ou *FS00*)

Para mudar uma conta existente, navegamos para a conta G/L a partir do menu SAP Easy Access:

Contabilidade • Contabilidade financeira • Razão • Dados mestre • Contas do Razão • Processamento individual • No plano de contas (FSP0)

Transação para a manutenção da conta em um quadro de contas

 Em vez de navegar para a transação pelo menu, você pode escrever *FSP0* no campo de comando e pressionar ⌷Enter⌷ para acessar a tela para editar quadros de contas diretamente.

Vamos apresentar os dados para a conta 474240 no quadro de contas INT1. Nós introduzimos o número da conta no campo CONTA DO RAZÃO e o quadro de contas no campo PLANO DE CONTAS e, em seguida, clicamos em 🔍 para apresentar os dados.

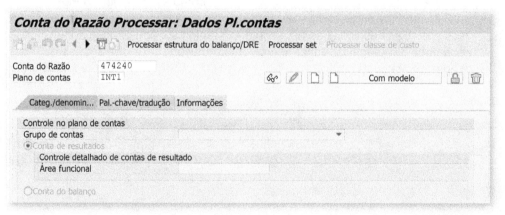

Figura 2.1: Apresentar/editar uma conta G/L em um quadro de contas

Agora, é apresentada a informação sobre a conta 474240 no quadro de contas INT1. Na Figura 2.2, podemos ver que a conta é de lucros e perdas, para coletar outras despesas de viagem. Se tivéssemos escolhido o ícone de editar 🖉, poderíamos fazer mudanças nos atributos da conta.

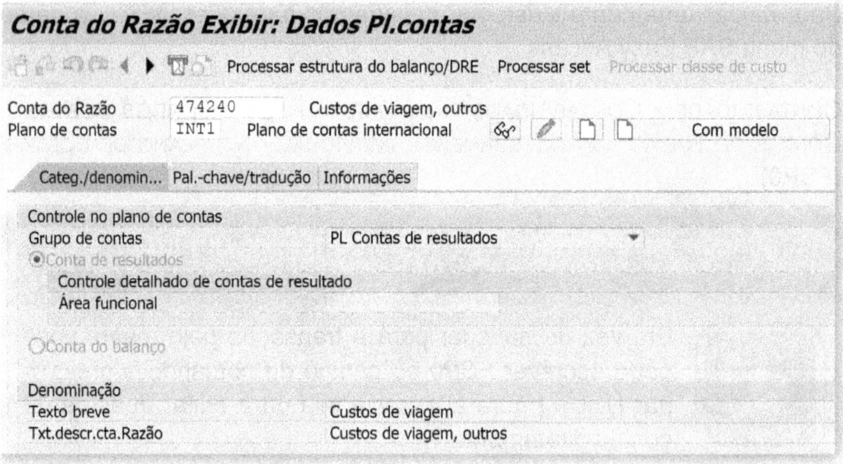

Figura 2.2: Apresentar uma conta G/L em um quadro de contas

Vamos criar uma nova conta, 474270 para despesas de viagens relacionadas com aluguéis de carros, no quadro de contas INT1. Introduzimos *474270* no campo Nº CONTA DO RAZÃO, *INT1* no PLANO DE CONTAS e, em seguida, clicamos em [🗋] Com modelo como se pode ver na Figura 2.3. Embora pudéssemos ter escolhido 🗋 para criar a conta, é mais fácil copiar as definições de uma conta existente (isto é, utilização de um modelo) e, em seguida, editar apenas a informação que é diferente para a nossa nova conta.

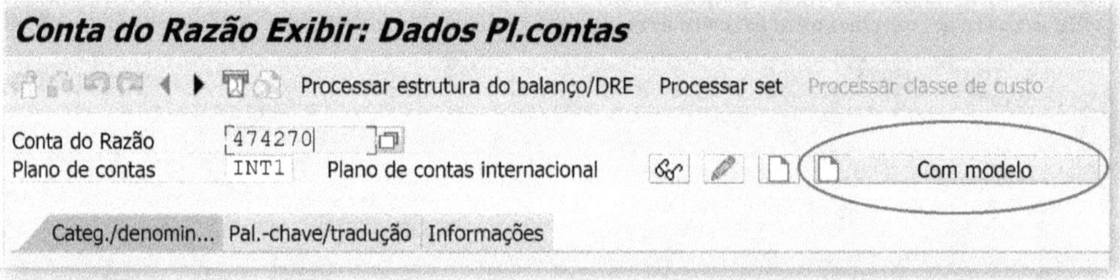

Figura 2.3: Criar uma conta G/L com um modelo

O sistema SAP pede-lhe agora para introduzir a conta de referência (modelo) a ser usada para criar a conta. Introduza *474240* e quadro de contas *INT1* e clique em [✔] para continuar (Figura 2.4).

Figura 2.4: Introduzir a conta de referência

O texto para a conta a ser criada tem que ser mudado, uma vez que apresenta atualmente o texto para a conta 474240 (Figura 2.5):

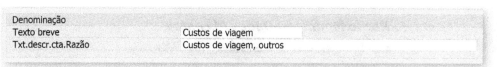

Figura 2.5: Descrição da conta G/L

Mude o texto e, em seguida, clique em 🖫, na barra de ferramentas na parte superior da tela para salvar as mudanças. A Figura 2.6 mostra o texto alterado.

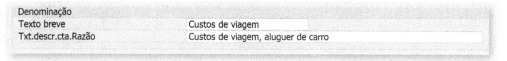

Figura 2.6: Descrição da conta G/L alterada

Uma mensagem confirma que a conta foi salva (Figura 2.7):

Figura 2.7: Mensagem de dados salvos

Se forem utilizados outros idiomas no quadro de contas, o sistema mostrará um lembrete pedindo para verificar os nomes nos idiomas alternativos (Figura 2.8). Salve o registro clicando em ☑.

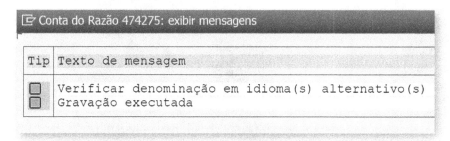

Figura 2.8: Mensagens apresentadas

Se desejar, você pode navegar, a partir da tela da conta, para o separador PALAVRA-CHAVE/TRADUÇÃO e mudar o texto (Figura 2.9).

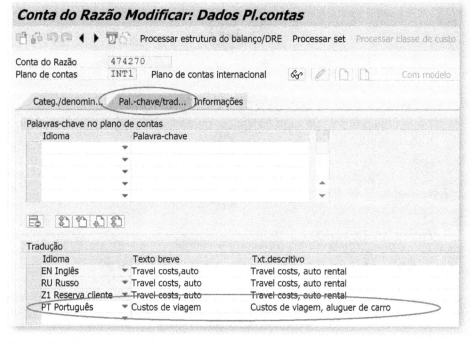

Figura 2.9: Mudar o texto para tradução

Clique em 🖫 na parte de cima da tela e aparece uma mensagem indicando que as mudanças foram salvas.

Adicionar uma conta G/L a um código da empresa

Adicionamos uma nova conta, 474270, ao nosso quadro de contas INT1; entretanto, ainda não está disponível em nenhum código da empresa. Podemos adicionar contas individuais a um código de empresa acessando a transação FSS0 para editar contas G/L em um código de empresa.

Para fazer isso, navegamos para a conta G/L a partir do menu SAP Easy Access:

CONTABILIDADE • CONTABILIDADE FINANCEIRA • RAZÃO • DADOS MESTRE • CONTAS DO RAZÃO • PROCESSAMENTO INDIVIDUAL • NA EMPRESA (FSS0)

Transação para a manutenção da conta em um código de empresa

Em vez de navegar para a transação pelo menu, você pode escrever *FSS0* no campo de comando e pressionar Enter para acessar a tela para editar códigos de empresa diretamente.

Introduza a nova conta G/L *474270* e o código da empresa *5401* e, em seguida, clique em 🗋 para criar a conta no código da empresa (Figura 2.10).

🖲 **Conta do Razão Exibir: Dados da empresa**

🗋 🗋 🕙 🕙 ◀ ▶ 🗂 🗋   Processar estrutura do balanço/DRE   Processar set   Processar classe de custo

Conta do Razão	474270	Custos de viagem, aluguer de carro
Empresa	5401	XYZ Company bv

Dados de con... Entrada/banco/juro Informações

Figura 2.10: Criar uma conta em um código de empresa

Repare que o número da conta é apresentado. Antes de podermos criar a conta, temos de introduzir um grupo de estado de campo. Os grupos de estado de campo contêm definições que determinam quais os campos que são exigidos, opcionais ou suprimidos quando fazemos lançamentos para as contas. Vamos usar o mesmo grupo de estado de campo que foi usado para a conta 474240 no código da empresa 5401. Como se pode ver na Figura 2.11, selecionamos o separador ENTRADA/BANCO/JUROS e introduzimos *G069* como o grupo de estado de campo. Salve as entradas clicando em 🖫.

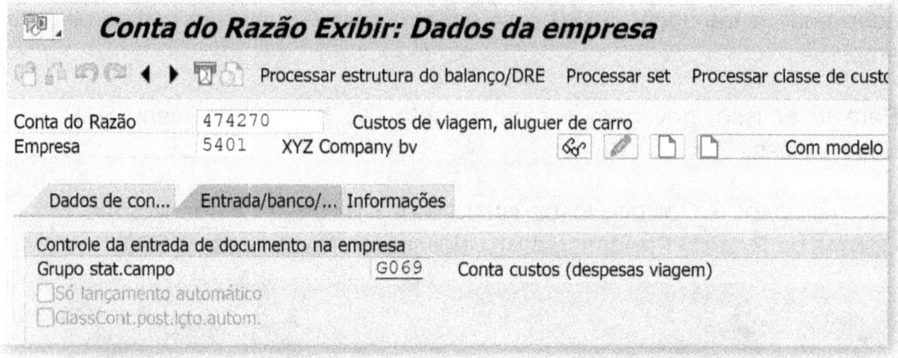

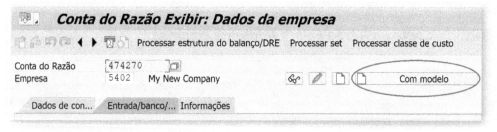

Figura 2.11: *Adicionar uma conta G/L a um código da empresa, grupo de estado de campo*

Também podemos querer criar a nossa conta nos outros códigos da empresa. Em vez de repetir os passos acima, podemos escolher realizar esta atividade usando o modelo. Introduza o número da conta, *474270*, e o código da empresa (no nosso exemplo, vamos agora criar a conta no código da empresa *5402*) e clicar em 🗋 Com modelo (Figura 2.12).

Figura 2.12: *Adicionar uma conta G/L a um código da empresa com um modelo*

Quando for solicitada a conta de referência, introduza a conta *474270* do código da empresa *5401* e, em seguida, clique em ✅ para continuar (Figura 2.13).

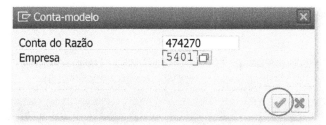

Figura 2.13: Introduzir a conta de referência

Repare que a informação da conta do código da empresa 5401 foi copiada para o registro para o código da empresa 5402 (Figura 2.14). Clique em 🖫 para salvar as entradas.

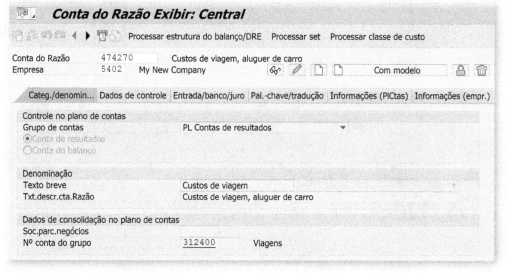

Figura 2.14: Criar uma conta G/L para outro código da empresa

Editar uma conta G/L existente

Haverá frequentemente a necessidade de se fazer mudanças em uma conta existente. Uma mudança comum é bloquear uma conta para lançamento quando a empresa decide que a conta não deve ser mais utilizada. Vamos supor que a organização decidiu que a conta 474290 não deve ser utilizada na empresa 5402.

Para bloquear a conta, navegamos para a conta G/L a partir do menu SAP Easy Access:

CODECONTABILIDADE • CONTABILIDADE FINANCEIRA • RAZÃO • DADOS MESTRE • CONTAS DO RAZÃO • PROCESSAMENTO INDIVIDUAL • NA EMPRESA (FSS0)

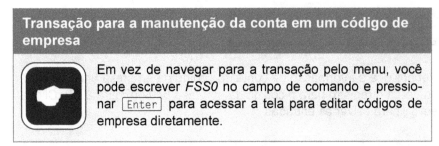

Transação para a manutenção da conta em um código de empresa

Em vez de navegar para a transação pelo menu, você pode escrever *FSS0* no campo de comando e pressionar [Enter] para acessar a tela para editar códigos de empresa diretamente.

Introduza a conta e o código da empresa, em seguida, clique em 🔒 para bloquear a conta (Figura 2.15).

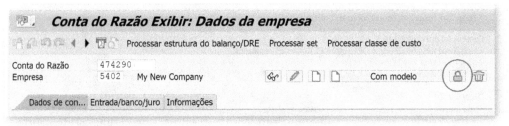

Figura 2.15: Editar uma conta G/L existente

Selecione o indicador BLOQUEADA PARA LANÇAMENTO e clique em 🖫 para salvar as entradas (Figura 2.16).

Também podemos decidir sinalizar a conta para exclusão, selecionando 🗑 (Figura 2.17).

Selecione o indicador MARCADA PARA ELIMINAÇÃO e, em seguida, clique em 🖫 para salvar as alterações.

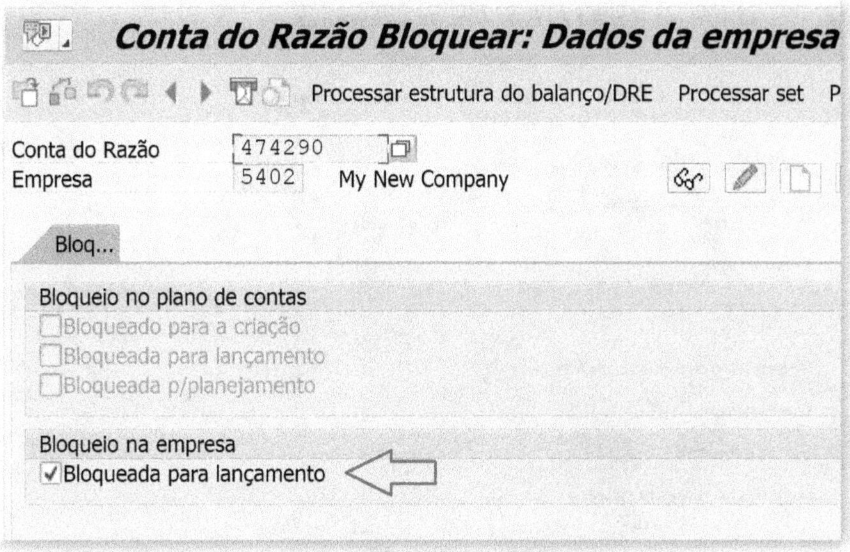

Figura 2.16: Bloquear uma conta G/L para lançamento

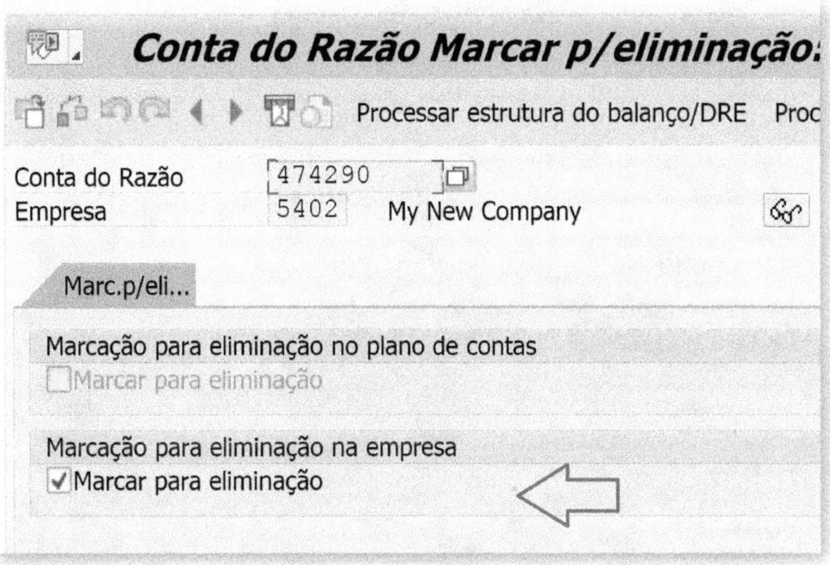

Figura 2.17: Marcar uma conta G/L para apagar

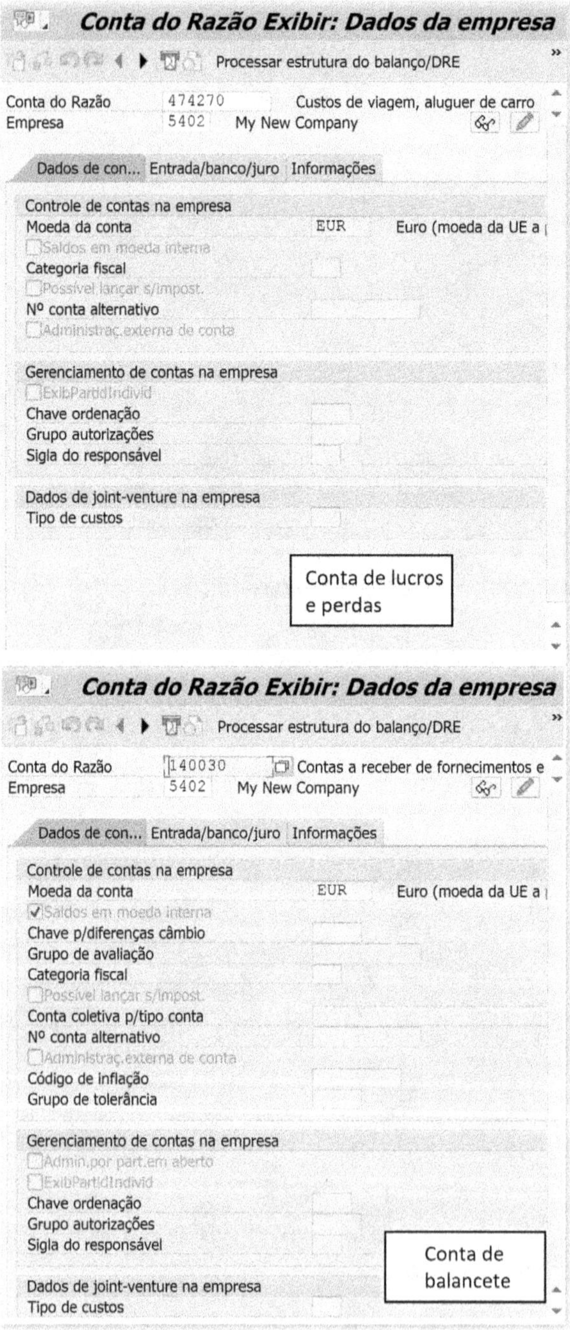

Conta do Razão Exibir: Dados da empresa

Processar estrutura do balanço/DRE

Conta do Razão	474270	Custos de viagem, aluguer de carro
Empresa	5402	My New Company

Dados de con... Entrada/banco/juro Informações

Controle de contas na empresa
Moeda da conta   EUR   Euro (moeda da UE a
Saldos em moeda interna
Categoria fiscal
Possível lançar s/impost.
Nº conta alternativo
Administraç.externa de conta

Gerenciamento de contas na empresa
ExibPartidIndivid
Chave ordenação
Grupo autorizações
Sigla do responsável

Dados de joint-venture na empresa
Tipo de custos

Conta de lucros
e perdas

Conta do Razão Exibir: Dados da empresa

Processar estrutura do balanço/DRE

Conta do Razão	140030	Contas a receber de fornecimentos e
Empresa	5402	My New Company

Dados de con... Entrada/banco/juro Informações

Controle de contas na empresa
Moeda da conta   EUR   Euro (moeda da UE a
☑ Saldos em moeda interna
Chave p/diferenças câmbio
Grupo de avaliação
Categoria fiscal
Possível lançar s/impost.
Conta coletiva p/tipo conta
Nº conta alternativo
Administraç.externa de conta
Código de inflação
Grupo de tolerância

Gerenciamento de contas na empresa
Admin.por part.em aberto
ExibPartidIndivid
Chave ordenação
Grupo autorizações
Sigla do responsável

Dados de joint-venture na empresa
Tipo de custos

Conta de
balancete

Figura 2.18: Conta de lucros e perdas; Conta de balancete

Editar uma conta G/L em um quadro de contas

Existem muitas definições adicionais em uma conta G/L que controlam como a conta é utilizada. Por exemplo, existem definições sobre que tipos de entradas podem ser feitas na conta. Pode-se acessar todas as definições navegando para a conta G/L desde o menu SAP Easy Access:

CONTABILIDADE • CONTABILIDADE FINANCEIRA • RAZÃO • DADOS MESTRE • CONTAS DO RAZÃO • PROCESSAMENTO INDIVIDUAL • NO PLANO DE CONTAS (FSP0)

Transação para a manutenção da conta em um quadro de contas

 Em vez de navegar para a transação pelo menu, você pode escrever *FS00* no campo de comando e pressionar [Enter] para acessar a tela para editar quadros de contas diretamente.

Tal como vimos ao criar e editar contas nas páginas anteriores, as telas de manutenção da conta contêm muitos separadores. Os campos apresentados nestes separadores dependem se estamos editando uma conta de balancete ou uma conta de lucros e perdas. A Figura 2.18 compara os dados de controle para cada tipo de conta.

Muitos dos atributos das telas de manutenção de conta controlam funcionalidades para além do âmbito deste livro; entretanto, inclui-se uma breve discussão de alguns campos.

> ► GRUPO DE CONTAS
> Um grupo de contas é um meio para classificar contas. Por exemplo, balancete, P&L, ativos fixos, gestão de materiais, etc.

> ► BALANÇO PATRIMONIAL
> Todas as contas têm a P&L ou a conta de balancete selecionada. Este indicador controla o saldo transportado no fim do ano.

> ► TEXTO BREVE/ TEXTO DESCRITIVO
> Os textos são utilizados para apresentação online e relatórios. O espaço permitido em uma tela em particular ou relatório determina que variante é usada.

▶ MOEDA DA CONTA

É possível para algumas contas ter uma moeda diferente para o código da empresa. Por exemplo, uma empresa norte-americana pode manter uma conta bancária no Canadá e, assim, a moeda da conta seria CAD. Quando é indicada uma moeda diferente da moeda do código da empresa, os documentos podem apenas ser lançados nessa moeda. Se for utilizada a moeda do código da empresa, os documentos podem ser lançados em qualquer moeda.

▶ CONTA DE CONCILIAÇÃO

As contas de reconciliação são utilizadas para integrar subledgers com o ledger geral. Exemplos disso são as contas de fornecedores, clientes ou ativos.

▶ PARTIDA EM ABERTO

Quando este indicador é definido, os lançamentos requerem um ou mais itens de compensação para serem lançados para "compensar" os itens abertos. Isto não é o mesmo que usar contas de reconciliação; aqui não há subledger. A definição é utilização para contas de balancete, tais como contas transitórias.

▶ PARTIDA INDIVIDUAL

Esta marca determina se um usuário pode apresentar itens individuais para a conta. Não deve ser definido para contas de reconciliação.

▶ GRUPO DE STATUS DO CAMPO

Os grupos de estado de campo podem ser definidos para identificar regras para a entrada de documentos. As regras determinam se vários campos são opcionais, obrigatórios ou suprimidos quando os lançamentos são introduzidos.

▶ LANÇADA AUTOMATICAMENTE

Se uma conta tiver este indicador selecionado, os lançamentos podem ser introduzidos apenas através da determinação da conta (por exemplo, a partir de um programa de valoração) e você não pode introduzir um lançamento na conta usando uma entrada de conta online.

2.2   O que é SAP New GL?

Abordagem opcional: SAP New GL

 A abordagem de SAP New GL não é crítica para a aprendizagem das transações G/L apresentadas neste livro.

Um ledger geral (G/L) é a reunião de dados mestres e dados de transação que são utilizados por empresas para medir o desempenho financeiro e o patrimônio líquido. Agora temos dados mestres G/L no nosso ambiente IDES para começar a lançar transações. Mas antes de fazer isto, pode ser útil ter uma explicação sobre *New GL*. Mais à frente no livro, você vai perceber que alguns caminhos do menu incluem (NEW) na descrição. Esta distinção serve para separar estas escolhas de menu da Classic GL.

SAP Classic GL refere-se a versões do software SAP GL anteriores ao Componente Central Empresarial SAP (ECC) 5.0. SAP New GL foi aprovada pela SAP em 2004 como parte de SAP ECC 5.0. Apesar de a atualização para ECC 5.0 de versões anteriores não ser muito difícil, a migração para New GL é bastante complexa por causa de melhoramentos significativos nas funcionalidades e estruturas de tabelas, e muitos clientes SAP decidiram não mudar para New GL. O SAP continua a suportar *Classic GL;* mas os novos clientes precisam implementar o New GL.

Os exemplos neste livro foram todos criados em um ambiente New GL. Uma vez que uma abordagem detalhada de New GL poderia preencher o livro todo, vamos apenas dar uma rápida olhada em algumas das funcionalidades.

2.2.1   Contabilidade paralela

Frequentemente, as grandes organizações deparam-se com o desafio de cumprirem mais do que um conjunto de regras contabilísticas em razão de, por exemplo, requisitos legais. As grandes organizações podem ter entidades em diferentes países, cada uma com diferentes requisitos de relatório. Outro exemplo é que a indústria dos seguros tem que cumprir regras diferentes para o relatório às Seguradoras e Comissão de Troca (SEC) daquelas para o relatório aos órgãos regulamentares do estado.

Um método para gerir diversos requisitos de relatório seria estabelecer contas G/L separadas e paralelas para registrar ajustes de modo a acomodar os diferentes padrões de contabilidade. Os relatórios podem ser criados com base apenas nas contas apropriadas ao requisito em particular para qualquer situação indicada. A depreciação de ativos é outro exemplo em que variam as regras de contabilidade. A depreciação permitida de acordo com os regulamentos das taxas geralmente diferencia da depreciação que é reportada em um relatório financeiro da empresa. As empresas podiam definir contas de depreciação separadas para registrar a diferença na valoração ou mesmo manter folhas de cálculo do sistema de contabilidade para reconciliar as diferenças nos ativos de valoração. Em uma grande organização com muitas contas, pode ser bastante difícil gerir requisitos de relatório com contas paralelas ou folhas de cálculo externas.

Com SAP New GL, são utilizados ledgers separados para os diferentes padrões de contabilidade e contas paralelas. O sistema SAP contém um ledger principal e um ou mais ledgers paralelos que são utilizados para diferentes valorações. Os documentos contabilísticos em que não há diferença na valoração são lançados para todos os ledgers simultaneamente pelo software SAP. Você pode optar, porém, por lançar entradas apenas para um ledger paralelo. O relatório pode ser então filtrado pelo ledger para assim cumprir vários requisitos de relatório, e o número de contas não tem que ser aumentado.

2.2.2 Relatório por segmento

As grandes empresas têm que reportar resultados financeiros por meio do segmento de operação. Um segmento de operação pode ser definido como uma parte do negócio que tem um processo de produção comum, um tipo comum de produto ou serviço, um grupo comum de clientes ou que é obrigado a ter um relatório único por imposição da agência reguladora. A título de exemplo, uma grande empresa de embalagem de papel integrada pode reportar ganhos em três segmentos: reciclagem, embalagem ondulada e embalagem de consumidor. Uma grande empresa de óleo e gás pode reportar segmentos de montante, de jusante, de químicos e financeiros.

No Classic GL, a característica organizacional **Área de Negócio** estava disponível para facilitar o relatório por segmento em um sistema SAP. No entanto, muitos clientes SAP escolheram usar a área de negócios para diferentes fins. Com New GL, foi introduzida uma característica adicional, **Segmento,** especificamente para reportar segmentos.

2.2.3   Divisão do documento

O *processo de encerramento* da contabilidade envolve encerrar todas as contas de lucros e perdas para o patrimônio. Você pode consultar a *fórmula de contabilidade* do Capítulo 1:

Ativos - passivos = patrimônio

Com uma simples álgebra, podemos mudar esta fórmula para:

Ativos - passivos - patrimônio = 0

Com Classic GL, um balancete líquido a zero estava apenas disponível por código da empresa ou área de negócio. New GL permite às empresas escolher outros níveis, tais como centro de lucros ou segmento para um balancete líquido a zero.

Vamos presumir que temos uma fatura de um fornecedor por serviços fornecidos a dois centros de lucros. A entrada contabilística é um crédito para uma conta de fornecedores a pagar e dois débitos, um para cada um dos dois centros de lucros. A funcionalidade da divisão do documento faz com que o lado do crédito da entrada seja "dividido" em segundo plano nos dois centros de lucros separados. Além disso, quando o pagamento é feito ao fornecedor, apesar de a entrada contabilística ser um simples crédito de dinheiro e um débito para a conta a pagar do fornecedor, mais uma vez o sistema SAP divide a entrada de dinheiro pelos mesmos centros de lucro, tal como foi refletido quando foi registrada a fatura original do fornecedor.

No New GL, existem duas vistas de entradas contabilísticas: uma vista de entradas do documento e uma vista contabilística. A vista contabilística reflete a divisão do documento. A divisão do documento permite o balancete líquido a zero que reporta ao nível definido pelo negócio.

2.2.4 Integração de CO e FI

Nas seções anteriores, mencionamos o CO ou módulo de Controle no SAP. Ao contrário do módulo FI, que é utilizado para relatórios financeiros externos, o módulo de Controle é utilizado para os relatórios de gestão ou internos.

Um exemplo de uma função do módulo de Controle é a alocação de despesas indiretas a vários centros de custos. O módulo de Controle inclui a funcionalidade para (temporariamente) acumular custos em outros objetos de custo para além do centro de custos, tais como um projeto ou uma ordem interna. Estes custos podem ser transferidos ou estabelecidos para um ativo ou para um centro de custos de destino.

Com Classic GL, um ledger de reconciliação à parte foi mantido no SAP para reconciliar CO com FI. Com New GL, existe uma integração automática em tempo real de CO e FI, tornando o ledger de reconciliação e de processo obsoleto.

2.2.5 Tabelas de totais expansíveis

Para facilitar o relatório, o sistema SAP resume a transação em tabelas de totais. Com Classic GL, a tabela de totais (GLT0) continha um número limitado de características para o relatório. Para melhorar o relatório, o SAP forneceu uma aplicação de Ledger de Objetivo Especial. Esta aplicação exigiu uma significativa configuração e processos periódicos para permanecer sincronizada com FI.

Com New GL, a tabela de totais (FAGLFLEXT) não apenas contém mais características, como também os campos específicos dos clientes podem ser incluídos na tabela. Apesar de o Ledger de Objetivo Especial continuar disponível, ele pode não ser necessário para muitas organizações.

2.2.6 Classic vs New GL

Tabela 2.1 fornece uma comparação entre Classic e New GL.

Funcionalidade	Classic GL	New GL
Contabilidade paralela	Contas paralelas utilizadas para diferenças de valoração	Ledgers paralelos disponíveis para diferenças de valoração
Relatório por segmento	Área de negócios utilizada para relatório por segmento	Campo de segmento introduzido especificamente para o relatório por segmento
Divisão do documento	Balancete a zero disponível apenas com o código da empresa e nível da área de negócios	Balancete a zero disponível aos níveis definidos para o usuário
Integração FI-CO	Ledger de reconciliação mantido e processo de fim do mês exigido para reconciliar FI e CO	Integração FI e CO em tempo real
Tabela de totais para relatório	GLT0 Características de relatório limitadas Ledgers de Objetivo Especial exigidos para qualquer relatório melhorado	FAGLFLEXT Características adicionais incluídas Podem ser incluídas características definidas para usuário

Tabela 2.1: Classic vs New GL

2.3 Transações G/L

Com a nossa compreensão da contabilidade e os dados mestres básicos no sistema SAP, somos agora capazes de aprender como lançar transações no sistema SAP!

Tal como vamos ver nas seções seguintes, o SAP fornece muitas opções diferentes para lançar transações de ledger geral. Vamos abordar as transações mais comuns.

2.3.1   F-02/FB01L: Introduzir um documento da conta G/L

Você pode se perguntar por que razão existem dois códigos de transa-ção enumerados para introduzir um simples documento da conta G/L. New GL foi discutido na Seção 2.2. F-02 é a transação de documento de lançamento Classic GL e FB01L é a transação New GL. F-02 também pode ser utilizado em New GL; a diferença entre as duas transações é que FB01L permite ao usuário introduzir um ledger ou um grupo de led-gers. A Figura 2.19 ilustra a diferença entre as duas transações.

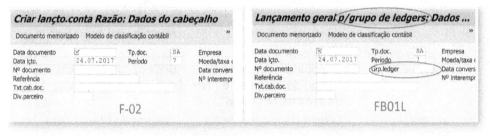

Figura 2.19: Comparação entre F-02 e FB01L

Com New GL, podemos lançar para um ledger ou um grupo de ledgers. Se não especificado nenhum ledger numa transação G/L, a transação é lançada para todos os ledgers.

Vamos usar a transação FB01L para lançar um documento da conta G/L no sistema SAP para fazer o seguinte ajuste:

DR.	Custos de Carro da Empresa	$1000
CR.	Contas a Pagar – Subsidiárias	$1000

A partir do menu SAP Easy Access, navegue para:

ACCOUNTING • FINANCIAL ACCOUNTING • GENERAL LEDGER • DOCUMENT ENTRY • FB01L – ENTER GENERAL POSTING FOR LEDGER GROUP CONTABI-LIDADE • CONTABILIDADE FINANCEIRA • RAZÃO • LANÇAMENTO • - ENTRAR DOCUMENTO DE CONTA DO RAZÃO PARA GRUPO DE LEDGERS (FB50L)

Introduzir lançamentos gerais para um grupo de ledgers

Em vez de navegar pelo menu, você pode escrever *FB01L* no campo de comando e pressionar Enter para acessar a tela ENTRAR LANÇAMENTO GERAL PARA GRUPO DE LEDGERS diretamente.

Na tela de entrada FB01L, nós introduzimos primeiramente os dados do cabeçalho (Figura 2.20):

Lançamento geral p/grupo de ledgers: Dados do cabeçalho

Documento memorizado Modelo de classificação contábil Entrada rápida Lançar com modelo Opções de processamento

Data documento	24.07.2017 [1]	Tp.doc.	SA [2]	Empresa	5401 [3]		
Data lçto.	24.07.2017 [4]	Período	7 [5]	Moeda/taxa câm.	EUR [6]		[7]
Nº documento		Grp.ledger	0L [9]	Data conversão		[10]	
Referência	AJ-01		[11]	Nº interempr.			[12]
Txt.cab.doc.	Ajustar custos de carro		[13]				
Div.parceiro	[14]						

Figura 2.20: Introduzir dados do cabeçalho para um lançamento G/L

❶ DATA NO DOCUMENTO: representa a data de um documento original, por exemplo, a data em que uma fatura é recebida por um fornecedor.

❷ TIPO DE DOCUMENTO: os tipos de documentos estão configurados no sistema SAP e controlam as regras de lançamento a aplicar. A configuração dos tipos de documentos está fora do âmbito deste livro. Repare que cada tipo de documento no sistema SAP é atribuído a um limite de número, que é aplicado quando o documento é lançado.

❸ EMPRESA: representa o código da empresa onde o documento é lançado.

❹ DATA DE LANÇAMENTO NO DOCUMENTO: a data da transação foi registrada no sistema de contabilidade; pode ser diferente da data do documento. No nosso exemplo, usamos o último dia do período contabilístico como sendo a data de lançamento. Repare que o sistema SAP também registra uma data de entrada, que é a data do sistema no dia em que a entrada foi realmente criada no sistema SAP.

❺ PERÍODO: representa o período contabilístico no qual a transação é registrada. A configuração dos períodos de lançamento está fora do âmbito deste livro; mas repare que a data de lançamento tem que estar dentro das definições do período de lançamento.

Períodos de lançamento

 Os períodos de lançamento estão definidos nas *variantes do ano fiscal*. O SAP fornece várias variantes de ano fiscal, sendo a mais comum K4, especificando um ano de calendário de 12 períodos de lançamento que correspondem aos meses de calendário e 4 períodos especiais que podem ser utilizados para ajustes. Você pode usar a transação *OB29* para ver as variantes do ano fiscal e os períodos de lançamento.

A transação *OB52* é utilizada para abrir ou fechar períodos de lançamento para atividade.

❻ MOEDA: representa a moeda na qual a transação é registrada. A moeda pode ser diferente da moeda configurada para o código da empresa e, nesse caso, o sistema SAP aplica taxas de moeda configuradas à transação. A transação SAP registra pelo menos três moedas: moeda de transação (a moeda do documento), moeda local (moeda do código da empresa) e moeda do grupo (moeda do relatório).

❼ TAXA DE CÂMBIO: pode ser introduzida para substituir as tabelas de taxa de câmbio que são normalmente aplicadas às transações. Este campo é opcional. Se não for introduzida nenhuma taxa, são utilizadas as tabelas de taxas no sistema SAP. As taxas de câmbio são normalmente introduzidas por meio de upload de um serviço. Os detalhes para gerir as taxas de câmbio estão fora do âmbito deste livro.

❽ Nº DOCUMENTO DE UM DOCUMENTO CONTÁBIL: geralmente atribuído pelo sistema SAP usando um limite de número configurado para cada tipo de documento; mas você pode também introduzir manualmente números de documentos. É recomendada a utilização dos números de documento atribuídos de SAP.

❾ GRUPO DE LEDGERS: pode ser introduzido para especificar o ledger ou grupo de ledgers no qual a transação deve ser lançada. A configuração de ledgers e os grupos de ledgers de New GL de SAP estão fora do âmbito deste livro. Se não for introduzido nenhum grupo de ledgers, a transação é lançada para todos os ledgers atribuídos ao código da empresa. No nosso exemplo, especificamos 0L, que é o ledger principal, e a transação é, assim, lançada apenas no ledger principal.

⑩ DATA DE CONVERSÃO: utilizado para converter uma transação que é registrada em uma moeda diferente da moeda do código da empresa. Este é um campo opcional. Se não for introduzida nenhuma data, a conversão usa a taxa com efeito a partir da data de entrada do documento.

⑪ REFERÊNCIA: uma referência definida para usuário que, mais tarde, pode ser usada para procurar documentos para apresentar ou editar.

⑫ Nº OPERAÇÃO DE LANÇAMENTO: geralmente atribuído pelos códigos da empresa SAP para documentos que contêm itens individuais em dois códigos de empresa diferentes. É utilizada uma concatenação do limite de número configurado para cada tipo de documento e o código da empresa envolvida. Tal como com o número de documento, você pode introduzir manualmente números de documentos, mas é recomendada a utilização de números de documentos do código transversal à empresa atribuído por SAP.

⑬ TEXTO DE CABEÇALHO DE DOCUMENTO: uma breve explicação que pertence a todo o documento contabilístico.

⑭ DIVISÃO DO PARCEIRO: um campo que é utilizado pelo sistema SAP com eliminações interempresas.

Após completar a informação do cabeçalho, comece a introduzir dados (Figura 2.21) para a primeira linha de detalhes no documento e, em seguida, clique no ícone ENTER no ✅ canto superior esquerdo da barra de ferramentas para salvar as entradas.

Item seguinte do documento						
ChvLnçt	40 Conta	475000	Cód.RzE	TMv	Nova empr.	
	1	2		3	4	5

Figura 2.21: Introduzir dados do item individual para a primeira linha de detalhes

❶ CHV LNÇT: abreviatura para *chave de lançamento* (posting key). As chaves de lançamento determinam de que modo a entrada é lançada. Existem chaves de lançamento para transações da conta G/L, transações da conta de cliente, transações da conta de ativos, etc. Além de determinar se a entrada é um débito ou um crédito, a chave de lançamento é também a base para a aplicação de outras regras de lançamento. As chaves de lançamento podem ser configuradas, mas a maioria é fornecida pela SAP. As chaves de lançamento mais comuns fornecidas e que vamos encontrar neste livro são apresentadas na Tabela 2.2.

Chave de lançamento	Descrição
40	Lançamento de débito conta GL
50	Lançamento de crédito conta GL
01	Fatura do cliente (débito)
11	Crédito do cliente (crédito)
25	Pagamento de fornecedor (débito)
31	Fatura de fornecedor (crédito)

Tabela 2.2: Chaves de lançamento

❷ CONTA: a conta de ledger geral para o primeiro item individual.

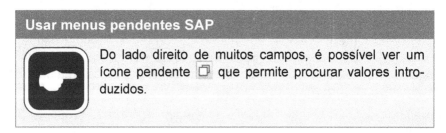

Usar menus pendentes SAP

Do lado direito de muitos campos, é possível ver um ícone pendente ⬚ que permite procurar valores introduzidos.

❸ SGL IND: CÓD.RZE: abreviatura para *Código de Razão Especial*. Este campo é utilizado para tipos específicos de transações, como adiantamentos, geralmente com transações de fornecedor ou de cliente. No nosso exemplo, vamos deixar o campo SGL IND vazio, uma vez que estamos lançando uma simples entrada de ledger geral.

❹ TMV: abreviatura para *Tipo de movimento do imobilizado*. Os tipos de transação são usados com transações de ativos fixos. No nosso exemplo, vamos deixar o campo TMV vazio, uma vez que não estamos lançando uma transação de ativos fixos.

❺ NOVA.EMPR.: não aparece com o primeiro item individual. Aparece para os itens individuais seguintes, para permitir as transações que têm mais impacto do que um código da empresa.

Após clicar no ícone ENTER ✅, introduza a informação adicional que pertence ao item individual. O que é mais notável no nosso exemplo é o montante do item individual e o texto. Se for exigido pela configuração para o código da empresa, você pode introduzir outra informação, tal como o centro de custos. Selecionar o ícone de atribuição adicional ⇨ permite-lhe introduzir mais dados.

No nosso exemplo (Figura 2.22), nós introduzimos apenas um montante e um texto para descrever o item individual. Além disso, nós começamos a introdução para o segundo item individual ao introduzir a chave de lançamento e conta.

criar Doc.conta do Razão: Inserir Item cta.do Razão

🔲📄 📄🗔 🖈 Dados adicionais   Modelo de classificação contábil   📝 Entrada rápida

Conta do Razão	475000		
Empresa	5401 XYZ Company bv		

Item 1 / Lançamento em débito / 40

Montante	1000		EUR		
Centro custo			Ordem		
Elemento PEP			Obj.resultado		⇨
DiagRede			Obj.bens imóv.		⇨
Área funcional			Ordem cliente		
					⇨ Mais
			Quantidade		
			Vencimento em		
Atribuição					
Texto	Ajustar custos de carro para Guilherme Barbosa			📝	TxtsDesc.

Item seguinte do documento

ChvLnçt	50 Conta	165099	Cód.RzE	TMv		Nova empr.

Figura 2.22: Detalhes para o primeiro item individual

Tal como com o primeiro item individual do nosso documento de ledger geral, nós podemos introduzir detalhes adicionais que pertencem ao segundo item individual (Figura 2.23). Depois de criar uma entrada para uma conta de balancete específica, somos também direcionados ao campo DATA EFETIVA. Esta data é utilizada em cálculos de valoração da moeda, se existirem, quando se lança um documento em uma moeda diferente da moeda do código da empresa. O sistema SAP introduz a data de entrada do documento como a predefinida.

Assim que pararmos de introduzir quaisquer itens individuais adicionais, estaremos prontos para lançar a entrada. Podemos querer validar as nossas entradas antes de tentar lançar e podemos fazê-lo selecionando DOCUMENTO• SIMULAR na barra de ferramentas (Figura 2.24).

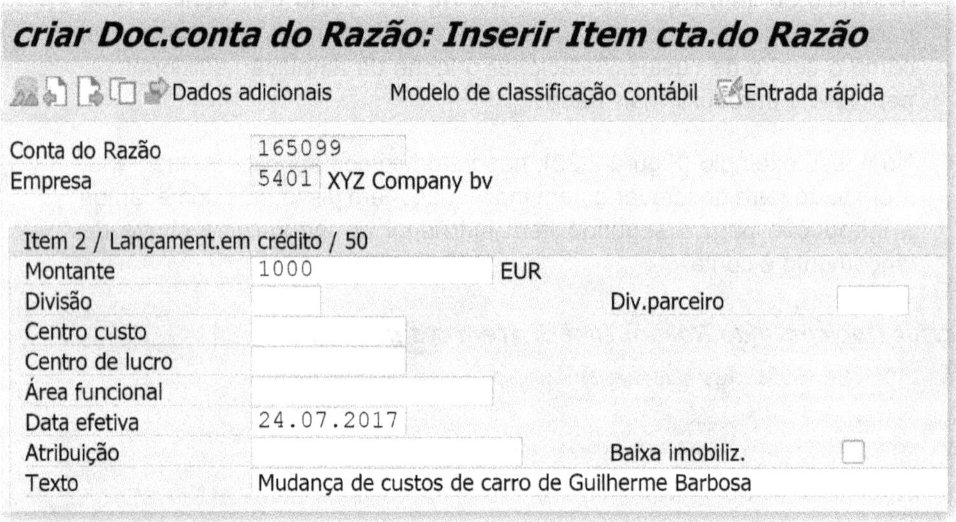

criar Doc.conta do Razão: Inserir Item cta.do Razão

🔍 📄 📋 Dados adicionais   Modelo de classificação contábil   Entrada rápida

Conta do Razão	165099
Empresa	5401 XYZ Company bv

Item 2 / Lançament.em crédito / 50

Montante	1000	EUR
Divisão		Div.parceiro
Centro custo		
Centro de lucro		
Área funcional		
Data efetiva	24.07.2017	
Atribuição		Baixa imobiliz. ☐
Texto	Mudança de custos de carro de Guilherme Barbosa	

Figura 2.23: Detalhes para o segundo item individual

É apresentado o documento para lançar (Figura 2.25). No caso de haver erros, aparecem mensagens no fundo da tela.

Figura 2.24: Simular para verificar o documento antes do lançamento

criar Doc.conta do Razão: Exibir Síntese

Moeda de exibição   Reinicializar

Data documento	24.07.2017	Tp.doc.	SA	Empresa	5401
Data lçto.	24.07.2017	Período	7	Moeda	EUR
Nº documento	INTERNO	Exercício	2017	Data conversão	24.07.2017
Grp.ledger	OL				
Referência	AJ-01			Nº interempr.	
Txt.cab.doc.	Ajustar custos de carro			Div.parceiro	

Itens na moeda do doc.

CL	Div.	Conta	EUR	Montante	Montante de
001 40		0000475000		1.000,00	
002 50		0000165099		1.000,00-	

Figura 2.25: Documento pronto para lançar

Repare que a barra de ferramentas, como se pode ver na Figura 2.26, contém opções para ainda apresentar ou editar antes do lançamento.

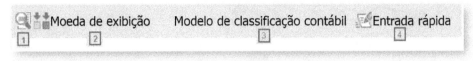

Figura 2.26: Apresentação do documento/editar opções

❶ Permite-lhe voltar aos detalhes de um item individual em particular para editar.

❷ Altera a moeda de apresentação (útil se a moeda do documento for diferente da moeda do código da empresa).

❸ Os modelos de conta são itens individuais predeterminados que podem ser criados para agilizar a entrada de dados.

❹ Ao clicar em ENTRADA RÁPIDA é apresentada uma tela para adicionar itens individuais à entrada de modo mais rápido do que um de cada vez (Figura 2.27):

Figura 2.27: A introdução rápida de dados para adicionar itens individuais a um documento de conta G/L

Se já não temos erros para corrigir e estamos apenas lançando uma entrada de duas linhas, podemos clicar em 🖫 no meio da barra de ferramentas na parte superior da tela para lançar a nossa entrada. O sistema SAP devolve uma mensagem de confirmação (Figura 2.28) que inclui o número de documento atribuído:

☑ Documento 100000000 registrado na empresa 5401

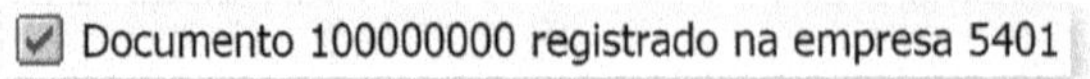

Figura 2.28: Documento lançado e número de documento atribuído

2.3.2 FB50/FB50L: Introduzir um documento da conta G/L

As transações FB50 (Classic GL) e FB50L (New GL) são idênticas a F-02 e FB01L e, de fato, executam o mesmo programa de lançamento. Você pode desenvolver a sua própria preferência de transação para lançar documentos de ledger geral, dependendo das necessidades do negócio. Vamos dar uma olhada no lançamento com FB50L.

A partir do menu SAP Easy Access, navegue para:

CONTABILIDADE • CONTABILIDADE FINANCEIRA • RAZÃO • LANÇAMENTO • ENTRAR DOCUMENTO DE CONTA DO RAZÃO (FB50)

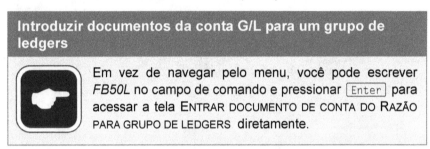

Introduzir documentos da conta G/L para um grupo de ledgers

Em vez de navegar pelo menu, você pode escrever *FB50L* no campo de comando e pressionar ⌷Enter⌷ para acessar a tela ENTRAR DOCUMENTO DE CONTA DO RAZÃO PARA GRUPO DE LEDGERS diretamente.

As diferenças entre a primeira tela que aparece com F-02/FB01L e FB50/FB50L são identificadas abaixo (Figura 2.29):

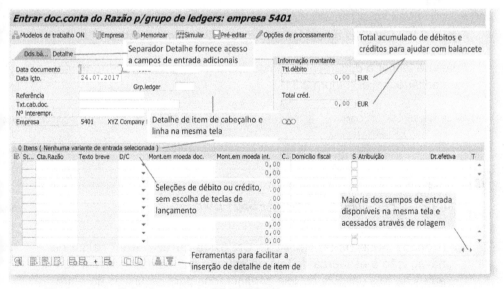

Figura 2.29: Tela de entrada FB50/FB50L

Na tela ilustrada na Figura 2.30, nós introduzimos dados para lançar outro ajuste para os nossos custos de carro de empresa. Repare que as entradas estão equilibradas e, por isso, pode ser lançado, conforme evidenciado pelo indicador verde por baixo dos campos da informação do montante na parte superior direita da tela.

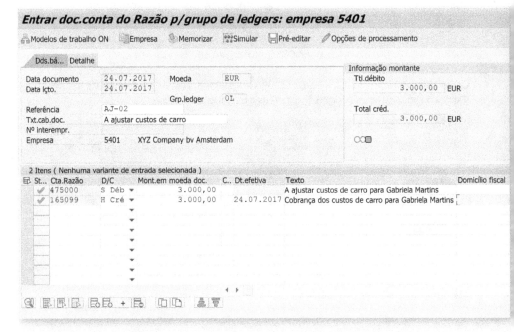

Figura 2.30: Detalhes do documento da conta G/L introduzidos

Antes de lançar o documento, vamos explorar algumas das ferramentas para editar e lançar (Figura 2.31).

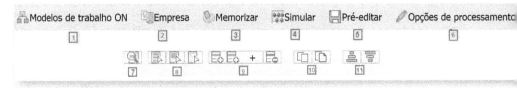

Figura 2.31: Ferramentas de editar FB50/FB50L

❶ A opção MODELOS DE TRABALHO ON exibe ou oculta um painel de navegação à esquerda da tela de entrada que permite acessar variantes da tela (layouts de tela configurados para requisitos de entrada específicos), acessar modelos de atribuição da conta ou selecionar documentos previamente introduzidos que foram colocados em espera (consulte a Figura 2.32).

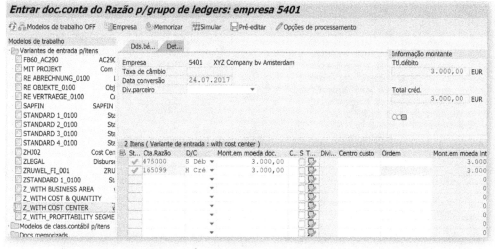

Figura 2.32: FB50/FB50L, Árvore ligada

❷ Você pode mudar o código da empresa para uma entrada no nível do cabeçalho. Os itens individuais ficam definidos para o código específico da empresa, mas podem ser substituídos por um código de empresa diferente.

❸ Você pode colocar documentos em espera para poder voltar a eles mais tarde para editar e/ou processá-los completamente.

❹ A opção SIMULAR SIMULA o lançamento, tal como vimos com F-02/FB01L.

❺ Os documentos que estão completos podem ser postos em espera; não estão lançados, mas podem ser recuperados mais tarde para lançamento.

❻ Ao clicar em OPÇÕES DE PROCESSAMENTO, é apresentada a tela que aparece na Figura 2.33, permitindo-lhe selecionar opções para editar documentos da conta G/L. Após selecionar qualquer opção exigida, clique em 🖫, na barra de ferramentas na parte superior da tela para salvar e voltar à tela de entrada. Estas opções são retidas para o seu ID de usuário para entradas posteriores, até você mudá-las novamente.

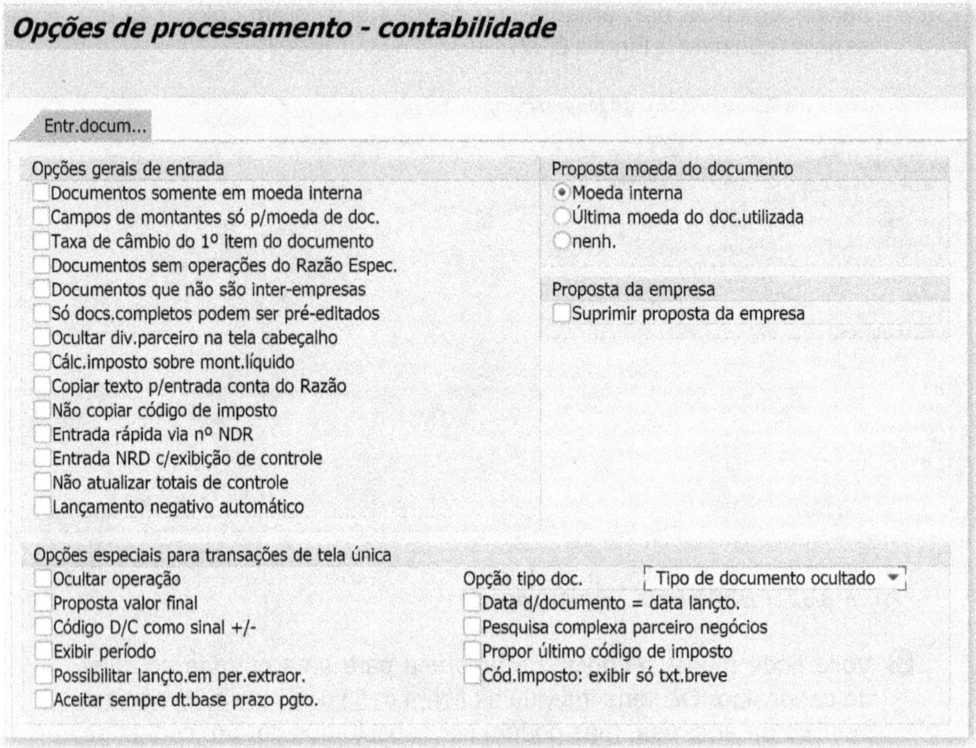

Opções de processamento - contabilidade

Entr.docum...

Opções gerais de entrada
☐ Documentos somente em moeda interna
☐ Campos de montantes só p/moeda de doc.
☐ Taxa de câmbio do 1º item do documento
☐ Documentos sem operações do Razão Espec.
☐ Documentos que não são inter-empresas
☐ Só docs.completos podem ser pré-editados
☐ Ocultar div.parceiro na tela cabeçalho
☐ Cálc.imposto sobre mont.líquido
☐ Copiar texto p/entrada conta do Razão
☐ Não copiar código de imposto
☐ Entrada rápida via nº NDR
☐ Entrada NRD c/exibição de controle
☐ Não atualizar totais de controle
☐ Lançamento negativo automático

Proposta moeda do documento
◉ Moeda interna
○ Última moeda do doc.utilizada
○ nenh.

Proposta da empresa
☐ Suprimir proposta da empresa

Opções especiais para transações de tela única
☐ Ocultar operação
☐ Proposta valor final
☐ Código D/C como sinal +/-
☐ Exibir período
☐ Possibilitar lançto.em per.extraor.
☐ Aceitar sempre dt.base prazo pgto.

Opção tipo doc. [Tipo de documento ocultado ▼]
☐ Data d/documento = data lançto.
☐ Pesquisa complexa parceiro negócios
☐ Propor último código de imposto
☐ Cód.imposto: exibir só txt.breve

Figura 2.33: Opções para editar contabilidade

❼ Você pode escolher o ícone de detalhes 🔍 após selecionar uma linha no documento da conta G/L. Aparece uma tela de entrada de detalhes, como se pode ver na Figura 2.23.

❽ Os ícones de seleção da linha 🔲🔲🔲 permitem selecionar todas as linhas, selecionar um bloco de linhas ou desativar uma seleção anterior para processamento posterior, tal como uma eliminação ou edição.

❾ Use os ícones 🔲, 🔲 ... ou 🔲 para adicionar uma fila, várias filas ou para apagar filas.

❿ Os ícones de cópia 🔲🔲 permitem copiar linhas ou campos para uma nova linha.

⑪ É possível escolher ícones de classificação 🖴🗗 após selecionar um cabeçalho de coluna para ordenar as linhas no documento da conta G/L.

Para lançar a entrada, clique em 🖫, na barra de ferramentas na parte superior da tela. O sistema SAP devolve uma mensagem confirmando que o documento foi lançado (Figura 2.34):

☑ Documento 100000001 registrado na empresa 5401

Figura 2.34: Mensagem de documento lançado

2.3.3 FV50/FV50L: Documentos em espera

Os usuários podem introduzir documentos e, em vez de lançar, coloca-los em espera para um lançamento posterior. Esta funcionalidade é útil se o usuário não tem autorização para lançar, mas é o responsável pela criação de uma entrada. O primeiro usuário põe o documento em espera e um segundo usuário lança o documento.

Para acessar a funcionalidade de colocar documentos em espera a partir do menu SAP Easy Access, navegue para:

CONTABILIDADE • CONTABILIDADE FINANCEIRA • RAZÃO • DOCUMENTO • DOCS.PRÉ-EDITADOS • FV50L - PROCESSAR DOCUMENTO DE CONTA DO RAZÃO PARA GRUPO DE LEDGERS

Colocar documentos da conta G/ em espera

 Em vez de navegar pelo menu, você pode escrever *FV50L* no campo de comando e pressionar ⌈Enter⌋ para acessar a tela PROCESSAR DOCUMENTO DE CONTA DO RAZÃO PARA GRUPO DE LEDGERS DIRETAMENTE.

A tela de entrada é quase a mesma de FB50/FB50L, mas um ícone adicional, 🖫Gravar por completo, permite ao usuário colocar o documento em espera (Figura 2.35):

Figura 2.35: Colocar um documento em espera

Assim que esta opção estiver selecionada, o sistema SAP devolve uma mensagem (Figura 2.36), que inclui um número de documento para o documento em espera. Não há impacto no ledger geral com relação a este documento.

☑ Documento pré-editado 100000002 5401 foi modificado

Figura 2.36: Documento em espera

Para lançar o documento em espera, a partir do menu SAP Easy Access, você deve navegar para:

CONTABILIDADE • CONTABILIDADE FINANCEIRA • RAZÃO • DOCUMENTO • DOCS.PRÉ-EDITADOS • FV50L - FBV0 - LANÇAR/ELIMINAR

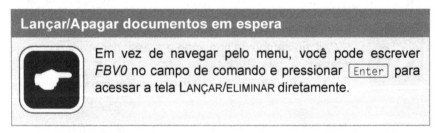

Lançar/Apagar documentos em espera

Em vez de navegar pelo menu, você pode escrever *FBV0* no campo de comando e pressionar ⌷Enter⌷ para acessar a tela LANÇAR/ELIMINAR diretamente.

Na tela inicial (Figura 2.37), introduza o código da empresa e escolha LISTA DE DOCUMENTOS na barra de menu.

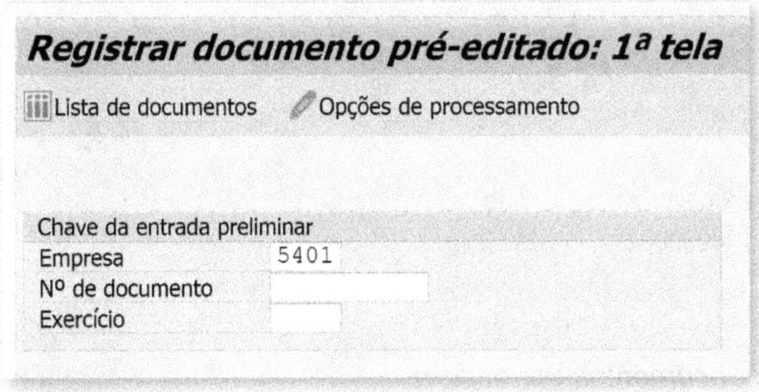

Registrar documento pré-editado: 1ª tela

▥ Lista de documentos   ✎ Opções de processamento

Chave da entrada preliminar
Empresa   5401
Nº de documento
Exercício

Figura 2.37: Tela inicial para lançar documentos em espera

Na tela LISTA DE DOCUMENTOS PRÉ-EDITADOS (Figura 2.38), você pode introduzir critérios para filtrar a lista que será apresentada. No nosso exemplo, vamos selecionar os documentos em espera selecionados pelo usuário que os introduziu. Clique em ⊕ para executar e continuar.

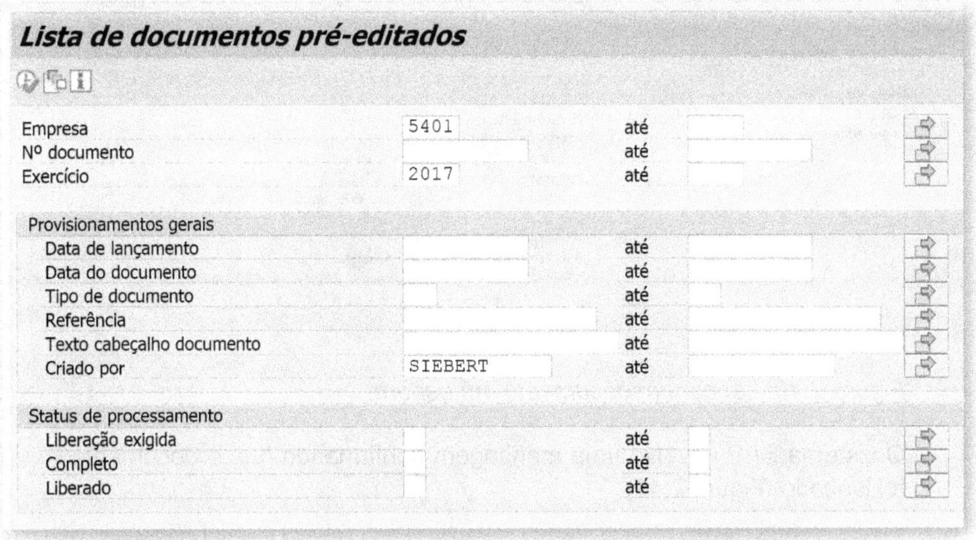

Lista de documentos pré-editados

⊕ ⬚ 🛈

Empresa	5401	até		⇨
Nº documento		até		⇨
Exercício	2017	até		⇨
Provisionamentos gerais				
Data de lançamento		até		⇨
Data do documento		até		⇨
Tipo de documento		até		⇨
Referência		até		⇨
Texto cabeçalho documento		até		⇨
Criado por	SIEBERT	até		⇨
Status de processamento				
Liberação exigida		até		⇨
Completo		até		⇨
Liberado		até		⇨

Figura 2.38: Seleção dos critérios de filtração para a lista de documentos em espera

Na lista que é devolvida (Figura 2.39), dê um clique duplo nos documentos em espera que você quer lançar.

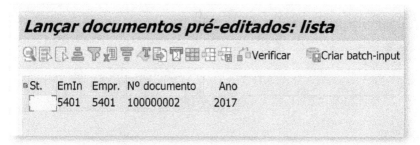

Figura 2.39: Lista de documentos em espera

O documento selecionado está agora disponível para editar ou lançar. Clique no ícone relevante para lançar, como se pode ver na Figura 2.40.

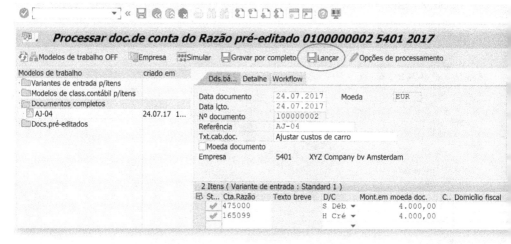

Figura 2.40: Lançar um documento em espera

O sistema SAP devolve uma mensagem confirmando que o documento foi lançado (Figura 2.41).

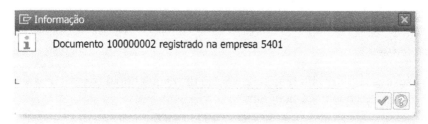

Figura 2.41: O documento em espera foi lançado

2.3.4 F-04: Lançar com compensação

O que é lançar com compensação?

Você deve se lembrar, da Seção 2.1.1 Contas G/L, que certas contas são definidas para gerir itens em aberto. Isto inclui contas de reconciliação (contas de cliente ou de fornecedor) e contas geridas em uma base de item aberto. Lançar com compensação aplica-se a transações que foram registradas nesse tipo de contas.

Lançar com compensação resulta em um documento de compensação, que é registrado nas transações que são escolhidas quando o lançamento é concluído com transação de compensação.

Lançar um item aberto

Para demonstrar o lançamento com compensação, precisamos primeiramente lançar uma transação para uma conta gerida em uma base de itens em aberto. O lançamento para contas de reconciliação de cliente e fornecedor é um tema a ser discutido nos Capítulos 3 e 4.

Vamos usar o código de transação FB50 conforme demonstrado na Seção 2.3.2. Vamos lançar um débito para a conta 159100 (Outros a Receber) e um crédito para uma conta de despesas 417000 (Serviços Comprados). Lembre-se de pressionar a tecla [Enter] para ignorar qualquer mensagem de aviso que possa aparecer.

A tela de entrada FB50 para o nosso documento 100000000 é apresentada na Figura 2.42.

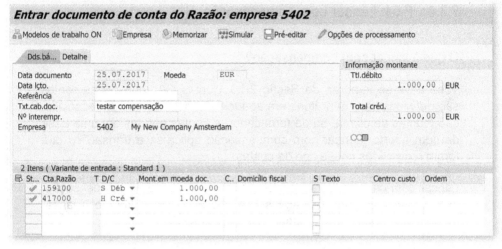

Figura 2.42: Lançar um item aberto

Lançar com compensação

Estamos agora prontos para criar um lançamento com documento de compensação. Vamos compensar o documento do item aberto 100000000, que foi previamente criado.

1. A partir do menu SAP Easy Access, navegue para: CONTABILIDADE • CONTABILIDADE FINANCEIRA • RAZÃO • LANÇAMENTO • F-04 - EFETUAR COMPENSAÇÃO.

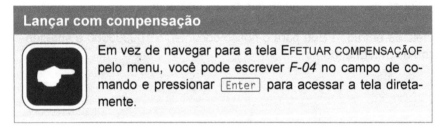

Lançar com compensação

Em vez de navegar para a tela EFETUAR COMPENSAÇÃOF pelo menu, você pode escrever *F-04* no campo de comando e pressionar ⎡Enter⎤ para acessar a tela diretamente.

2. Introduza informação de cabeçalho para o documento e, em seguida, selecione SELECIONAR PA (Figura 2.43).

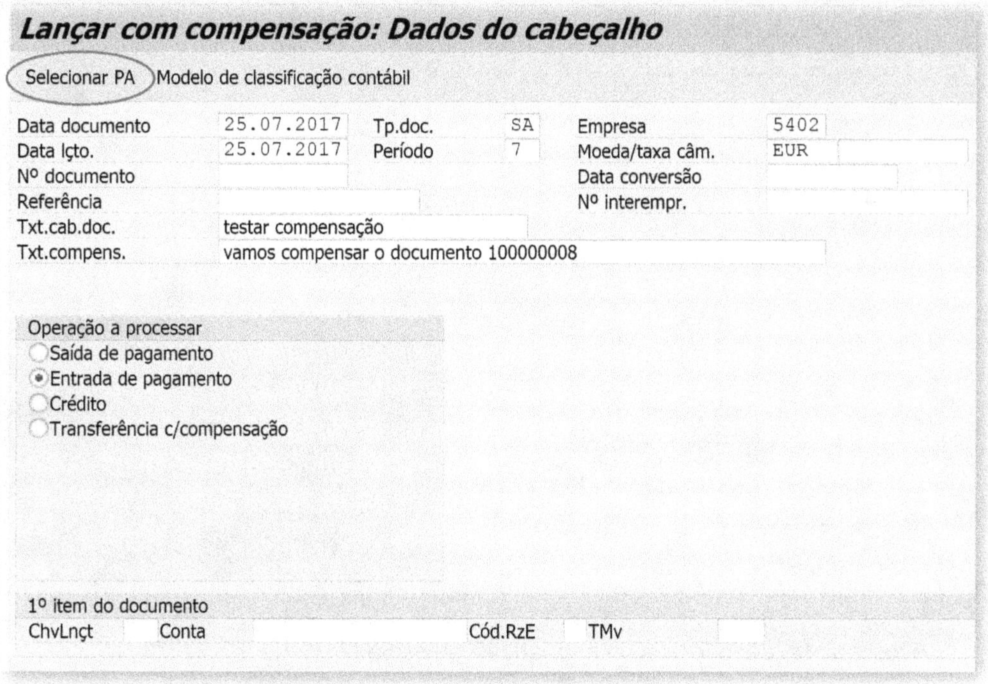

Lançar com compensação: Dados do cabeçalho

(Selecionar PA) Modelo de classificação contábil

Data documento	25.07.2017	Tp.doc.	SA	Empresa	5402
Data lçto.	25.07.2017	Período	7	Moeda/taxa câm.	EUR
Nº documento				Data conversão	
Referência				Nº interempr.	
Txt.cab.doc.	testar compensação				
Txt.compens.	vamos compensar o documento 100000008				

Operação a processar
○ Saída de pagamento
⦿ Entrada de pagamento
○ Crédito
○ Transferência c/compensação

1º item do documento

ChvLnçt	Conta		Cód.RzE	TMv	

Figura 2.43: Lançar com compensação, passo 2

3. No nosso exemplo, conhecemos o número do documento que queremos compensar, por isso escolhemos a opção de número de documento das seleções adicionais no lado direito (Figura 2.44). No entanto, poderíamos escolher itens com base em outros critérios. Após fazer a(s) sua(s) seleção(ões), escolha PROCESSAR PA.

4. Introduza o número do documento que queremos compensar e, em seguida, selecione PROCESSAR PA. (Figura 2.45).

5. No nosso exemplo (Figura 2.46), é apresentado apenas um item aberto, porém, em um ambiente de produção, dependendo da seleção no passo 3, podem ser ativados ou desativados itens individuais adicionais. O número total de itens e o valor total atribuído apresentados na parte inferior da tela serão alterados conforme necessário.

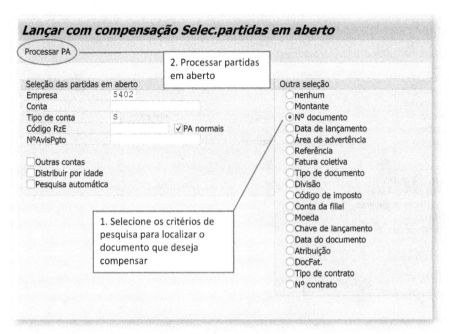

Figura 2.44: Lançar com compensação, passo 3

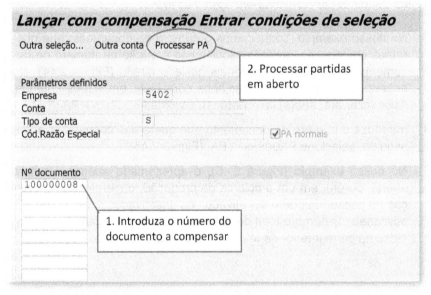

Figura 2.45: Lançar com compensação, passo 4

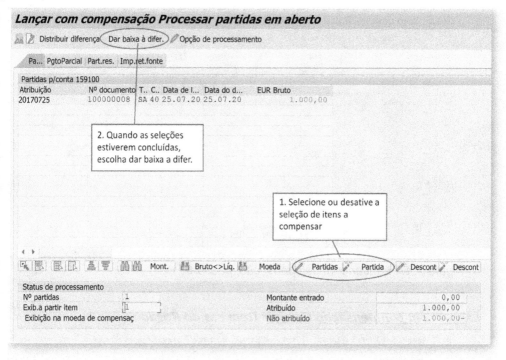

Figura 2.46: Lançar com compensação, passo 5

6. Em seguida, escolhemos a compensação para os itens que estão sendo compensados (Figura 2.47). Como estamos compensando um item de débito, vamos lançar um crédito para a conta de cliente. Por isso, vamos precisar de um débito de compensação para cobrar. Os débitos têm a chave de lançamento 40. Vamos cobrar a compensação para a conta 449900 – Outras Despesas Gerais. Introduza a chave de lançamento e a conta e, em seguida, clique em 🖫, na barra de ferramentas na parte superior da tela para salvar.

7. Em seguida, introduzimos o montante a cobrar para a conta 449000 (Figura 2.48). No nosso exemplo, cobramos o montante inteiro. No entanto, se o montante deve ser dividido entre contas diferentes, pode ser introduzida uma conta adicional para ser cobrada na área OUTRO ITEM DO DOCUMENTO na parte inferior da tela. Introduza 1.000,00 e clique em 🖫, na barra de ferramentas na parte superior da tela para salvar.

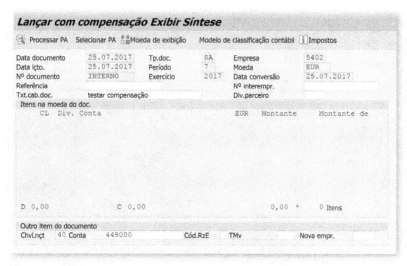

Figura 2.47: Lançar com compensação, passo 6

Lançar com compensação Corrigir Item cta.do Razão

Selecionar PA   Processar PA   Dados adicionais   Modelo de classificação contábil

| Conta do Razão | 449000 |
| Empresa | 5402 My New Company |

Item 1 / Lançamento em débito / 40

Montante	1.000,00	EUR
Cód.imposto		☐ Calcular IVA
Centro custo		Ordem
Elemento PEP		Obj.resultado
DiagRede		Obj.bens imóv.
Área funcional		Ordem cliente
		Mais
		Quantidade
		Vencimento em
Atribuição		
Texto		TxtsDesc.

Item seguinte do documento

| ChvLnçt | Conta | | Cód.RzE | TMv | | Nova empr. |

Figura 2.48: Lançar com compensação, passo 7

8. Repare que o documento em espera foi lançado (Figura 2.49).

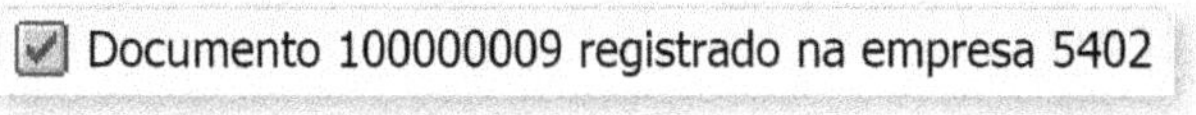

☑ Documento 100000009 registrado na empresa 5402

Figura 2.49: Lançar com compensação, passo 8

Na Seção 2.3.8, vamos rever a lista de documentos lançados. Como pré-visualização, a partir da tela apresentada na Figura 2.50, podemos ver que o nosso documento 100000008, originalmente lançado para conta a receber, foi compensado com o documento 100000009. O documento 100000009 é também apresentado compensado.

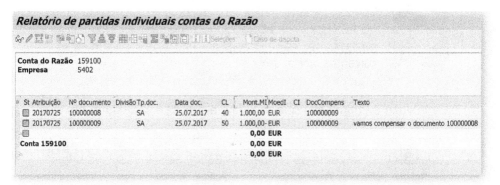

Figura 2.50: Lançar com compensação, apresentação do documento

2.3.5   FBD1/F-14: Documentos recorrentes

O que é um documento recorrente?

No meio comercial, frequentemente encontramos lançamentos necessários em uma base recorrente. A título de exemplo, vamos assumir que será pago a você um bônus anual após trabalhar tão diligentemente durante o ano. Apesar de o bônus ser pago no último mês, o negócio exige que seja feito um acúmulo mensal de 1.000. Não é necessário usar a transação FB50 ou FB50L todos os meses para registrar o acúmulo; em vez disso, pode ser usado um documento recorrente.

Há dois passos para documentos recorrentes:

1. É criado um documento recorrente (uma vez)

2. É criado um lançamento referente ao documento recorrente (periódico)

63

Criar documentos recorrentes

Vamos primeiramente criar o documento para acumular o bônus anual.

1. A partir do menu SAP Easy Access, navegue para: CONTABILIDADE •
   CONTABILIDADE FINANCEIRA • RAZÃO • LANÇAMENTO • DOCUMENTOS DE
   REFERÊNCIA • FBD1 - DOCUMENTO PERIÓDICO.

Criar documentos recorrentes

> Em vez de navegar para o documento recorrente pelo
> menu, você pode escrever *FBD1* no campo de comando
> e pressionar [Enter] para acessar a tela para criar re-
> correntes diretamente.

2. Introduza a informação que pertence à recorrência (Figura 2.51), o
   cabeçalho do documento e o primeiro item individual e, em seguida,
   pressione [Enter] assim que terminar. O débito (chave de lançamento 40) para conta de despesas 433000 será introduzido primeiramente no nosso exemplo.

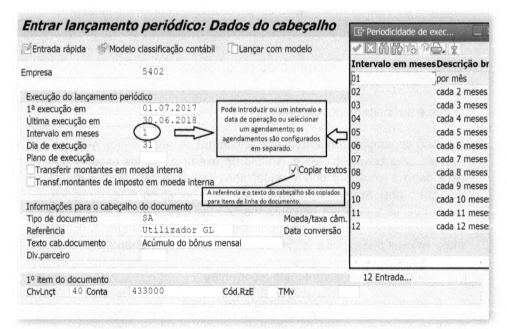

Figura 2.51: Criar um documento recorrente, passo 2

3. Introduza o montante para o débito (chave de lançamento 40). Na Seção ITEMOUTRO ITEM DO DOCUMENTO, introduza a chave de lançamento *50* (crédito) e a conta de acúmulo *204000* e clique em 🖫 para salvar (Figura 2.52).

4. Introduza o montante para a entrada de crédito (Figura 2.53) e clique em 🖫 para salvar.

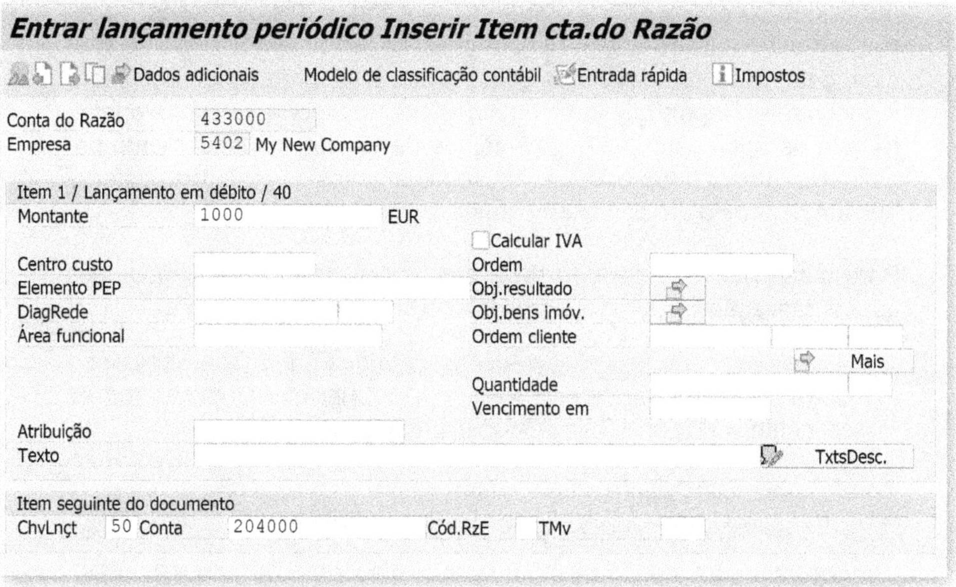

Entrar lançamento periódico Inserir Item cta.do Razão

Dados adicionais   Modelo de classificação contábil Entrada rápida   Impostos

Conta do Razão   433000
Empresa   5402 My New Company

Item 1 / Lançamento em débito / 40
Montante   1000   EUR
                    ☐Calcular IVA
Centro custo   Ordem
Elemento PEP   Obj.resultado
DiagRede   Obj.bens imóv.
Área funcional   Ordem cliente
                            Mais
                    Quantidade
                    Vencimento em
Atribuição
Texto   TxtsDesc.

Item seguinte do documento
ChvLnçt 50 Conta 204000   Cód.RzE   TMv

Figura 2.52: Criar um documento recorrente, passo 3

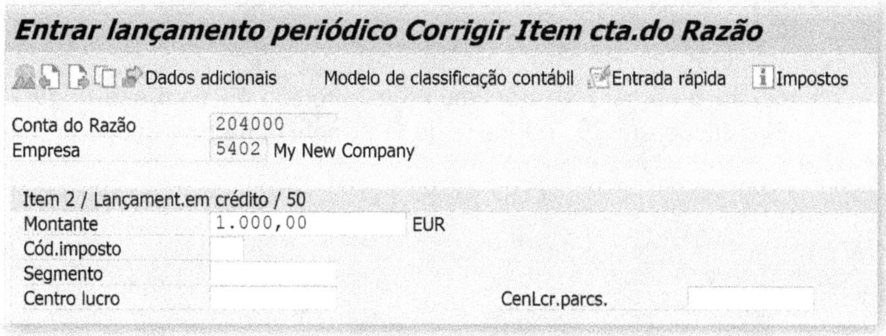

Entrar lançamento periódico Corrigir Item cta.do Razão

Dados adicionais   Modelo de classificação contábil Entrada rápida   Impostos

Conta do Razão   204000
Empresa   5402 My New Company

Item 2 / Lançament.em crédito / 50
Montante   1.000,00   EUR
Cód.imposto
Segmento
Centro lucro   CenLcr.parcs.

Figura 2.53: Criar um documento recorrente, passo 4

65

5. O documento recorrente foi salvo (Figura 2.54):

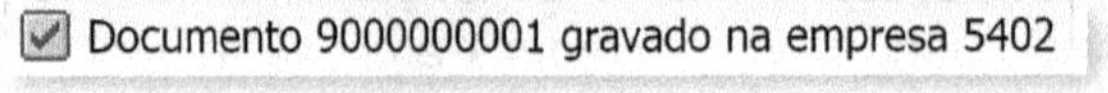

☑ Documento 9000000001 gravado na empresa 5402

Figura 2.54: Criar um documento recorrente, passo 5

Apresentar documentos recorrentes

Agora que o documento recorrente foi lançado, todos os meses, podemos executar a transação F.14 para criar um lançamento. Antes de executar o lançamento, temos que considerar o estado do nosso documento recorrente. Depois que criamos o documento recorrente com a primeira data de operação 01/07/2017, temos de executar o lançamento primeiramente para o período 1 e, em seguida, todos os períodos posteriores, até o período de lançamento atual.

Para determinar que período deve ser processado a seguir, podemos usar a transação FBD3 para apresentar o documento recorrente.

1. A partir do menu SAP Easy Access, navegue para: CONTABILIDADE • CONTABILIDADE FINANCEIRA • RAZÃO • DOCUMENTO • DOCUMENTOS DE REFERÊNCIA • DOCUMENTO PERIÓDICO • FB03 - EXIBIR.

Apresentar documentos recorrentes

Em vez de navegar para a tela EXIBIR DOCUMENTO PERIÓDICO pelo menu, você pode escrever *FBD3* no campo de comando e pressionar *(Enter)* para acessar a tela diretamente.

---

2. Introduza o número do documento e o código da empresa (Figura 2.55) e clique em 🗸, na barra de ferramentas na parte superior da tela.

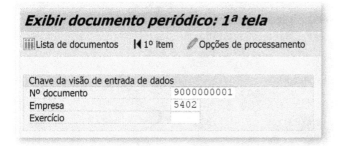

Figura 2.55: Apresentar um documento recorrente, passo 2

3. A partir da barra de ferramentas, escolha IR PARA, DOCUMENTO PE-
   RIÓDICO (Figura 2.56).

Figura 2.56: Apresentar um documento recorrente, passo 3

4. Observe que a próxima operação está agendada para 31/07/2017
   (Figura 2.57). Isto quer dizer que, para processar a entrada recorrente, ela deve ser primeiramente processada para 30/06/2018, a
   não ser que o documento recorrente seja editado para mudar a primeira data de operação.

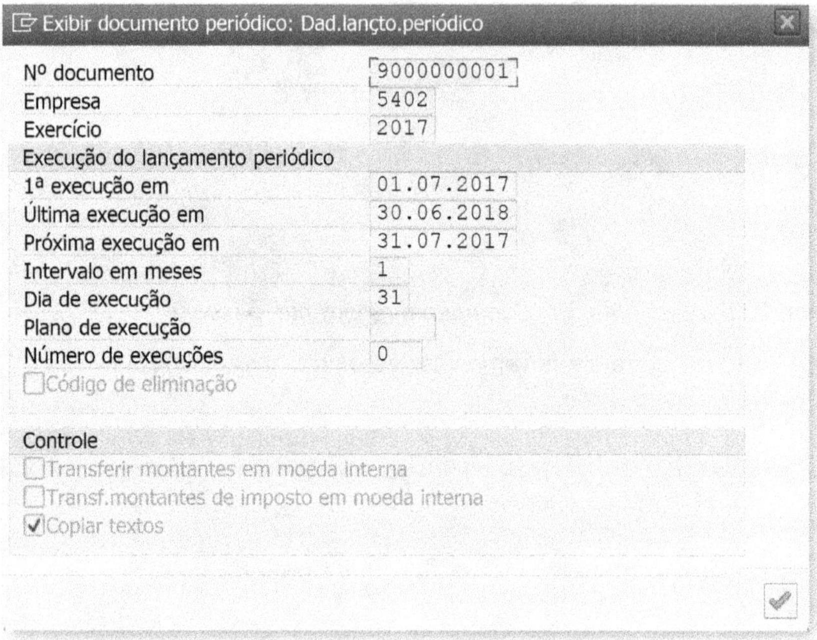

⌐ Exibir documento periódico: Dad.lançto.periódico   ☒

N° documento   `9000000001`
Empresa   `5402`
Exercício   `2017`
Execução do lançamento periódico
1ª execução em   `01.07.2017`
Última execução em   `30.06.2018`
Próxima execução em   `31.07.2017`
Intervalo em meses   `1`
Dia de execução   `31`
Plano de execução
Número de execuções   `0`
☐ Código de eliminação

Controle
☐ Transferir montantes em moeda interna
☐ Transf.montantes de imposto em moeda interna
☑ Copiar textos

Figura 2.57: Apresentar um documento recorrente, passo 4

Criar lançamentos para documentos recorrentes

Vamos agora lançar o documento recorrente para o período 1.

1. A partir do menu SAP Easy Access, navegue para: CONTABILIDADE •
   CONTABILIDADE FINANCEIRA • RAZÃO • TRABALHOS PERIÓDICOS • LANÇA-
   MENTOS PERIÓDICOS • F.14 - EXECUTAR.

Lançar documentos recorrentes

Em vez de navegar para a execução de entradas recorrentes pelo menu, você pode escrever *F.14* no campo
de comando e pressionar Enter para acessar a tela
para lançar entradas recorrentes diretamente.

2. Introduza critérios de seleção para o nosso documento exemplificativo. Observe que o período de apropriação é um campo obrigatório e tem que estar de acordo com a data PERÍODO DE PRESTAÇÃO DE CONTAS apresentada na Figura 2.57. O documento recorrente é enviado para uma sessão de entrada de lotes (Figura 2.58).

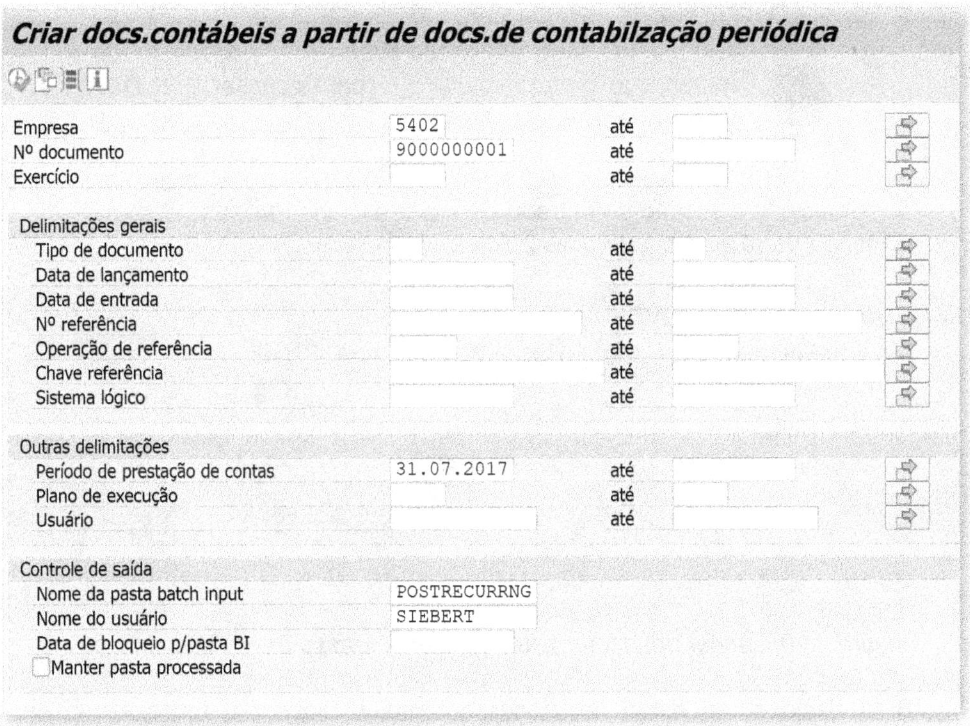

Criar docs.contábeis a partir de docs.de contabilzação periódica

Empresa	5402	até	
Nº documento	9000000001	até	
Exercício		até	

Delimitações gerais
Tipo de documento		até	
Data de lançamento		até	
Data de entrada		até	
Nº referência		até	
Operação de referência		até	
Chave referência		até	
Sistema lógico		até	

Outras delimitações
Período de prestação de contas	31.07.2017	até	
Plano de execução		até	
Usuário		até	

Controle de saída
Nome da pasta batch input	POSTRECURRNG
Nome do usuário	SIEBERT
Data de bloqueio p/pasta BI	
☐ Manter pasta processada	

Figura 2.58: Lançar um documento recorrente, passo 2

3. O documento é emitido para uma sessão de entrada de lotes designada na seção CONTROLE DE SAÍDA e é emitida uma mensagem de confirmação (Figura 2.59).

☑ Pasta POSTRECURRNG foi criada

Figura 2.59: Lançar um documento recorrente, passo 3

4. Para processar a sessão de entrada de lotes, a partir do menu SAP Easy Access, navegue para: FERRAMENTAS • ADMINISTRAÇÃO • MONITOR • SM35 – BATCH INPUT.

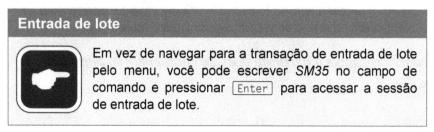

Entrada de lote

Em vez de navegar para a transação de entrada de lote pelo menu, você pode escrever *SM35* no campo de comando e pressionar Enter para acessar a sessão de entrada de lote.

5. Selecione a sessão da entrada de lote e escolha PROCESSAR, a partir da barra de menu (Figura 2.60).

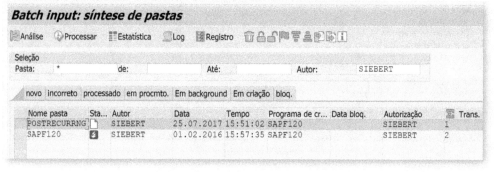

Figura 2.60: Lançar um documento recorrente, passo 5

6. Selecione um modo de processamento e clique em PROCESSAR (Figura 2.61). A opção PROCESSAR VISÍVEL exige que se pressione Enter à medida que cada tela na transação é processada. Selecionando EXIBIR SÓ ERROS , serão apresentadas telas apenas se forem encontrados erros. A opção BACKGROUND não apresenta nenhuma tela à medida que o lote é processado. Selecionamos EXIBIR SO ERROS para que possamos fazer correções conforme o lote é processado.

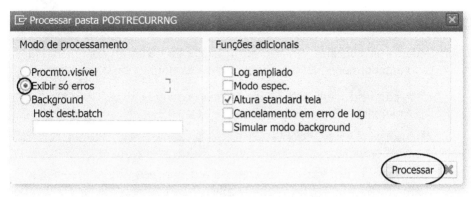

Figura 2.61: Lançar um documento recorrente, passo 6

7. Se não forem registrados erros no lote, escolha ENCERRAR BATCH INPUT (Figura 2.62).

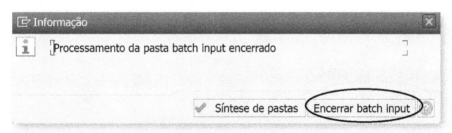

Figura 2.62: Lançar um documento recorrente, passo 7

8. Nas Seções 2.3.6 e 2.3.8, vamos relembrar a lista de documentos lançados. Como pré-visualização, a partir da tela apresentada na Figura 2.63, podemos ver que o nosso documento recorrente foi lançado assim que foi atribuído o número do documento 100000010.

Exibir documento: Visão de entrada

Moeda de exibição · Visão do Razão

Visão de entrada

Nº documento	100000010	Empresa	5402	Exercício	2017
Data documento	31.07.2017	Data lçto.	31.07.2017	Período	7
Referência	UTILIZADOR GL	Nº geral			
Moeda	EUR	Existem textos	☐	Grp.ledgers	

Empr.	Item CL	CE Conta	D	Montante Moeda	CI	Centro custo	Ordem
5402	1 40	433000		1.000,00 EUR			
	2 50	204000		1.000,00- EUR			

Figura 2.63: Lançar um documento recorrente, passo 8

2.3.6 FB03: Apresentar documentos da conta G/L

Pode haver ocasiões em que gostaríamos de rever um documento lançado anteriormente. Não é necessário saber número do documento.

1. A partir do menu SAP Easy Access, navegue para: CONTABILIDADE FINANCEIRA • RAZÃO • DOCUMENTO • FB03 – EXIBIR.

Apresentar documentos contabilísticos

Em vez de navegar para a transação de apresentação do documento pelo menu, você pode escrever *FB03* no campo de comando e pressionar ⌷Enter⌷ para acessar a transação de apresentação do documento.

---

2. Escolha LISTA DE DOCUMENTOS para apresentar uma lista de documentos (Figura 2.64).

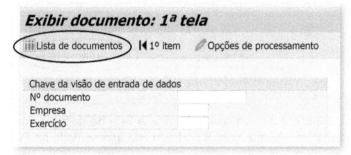

Figura 2.64: Apresentar um documento contabilístico, passo 2

Apresentar documentos contabilísticos

Se souber o número do documento, o código da empresa e o ano fiscal do documento que quer apresentar, introduza esta informação nos campos CHAVES PARA EXIBIÇÃO DE ENTRADA e pressione ⌷Enter⌷ para recuperar o documento.

---

3. Introduza critérios de filtração para selecionar documentos e clique em ⊕ para executar (Figura 2.65).

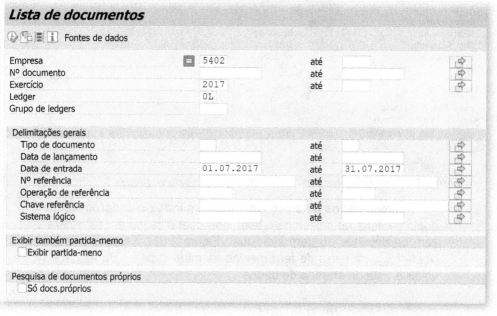

Figura 2.65: Apresentar um documento contabilístico, passo 3

4. Na lista de documentos (Figura 2.66), dê um clique duplo em um documento ou selecione o documento e escolha ☒ para apresentar detalhes.

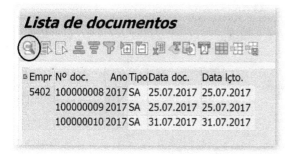

Figura 2.66: Apresentar um documento contabilístico, passo 4

5. O documento é agora apresentado (Figura 2.67).

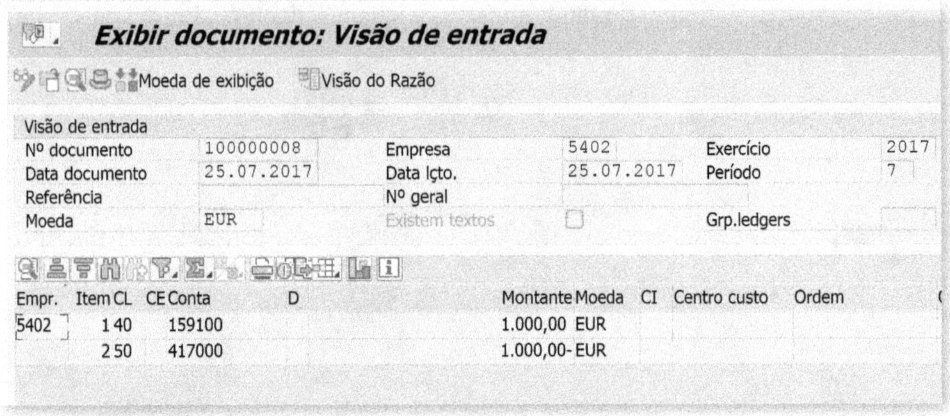

Exibir documento: Visão de entrada

Moeda de exibição   Visão do Razão

Visão de entrada

Nº documento	100000008	Empresa	5402	Exercício		2017
Data documento	25.07.2017	Data lçto.	25.07.2017	Período		7
Referência		Nº geral				
Moeda	EUR	Existem textos		Grp.ledgers		

Empr.	Item	CL	CE	Conta	D	Montante	Moeda	CI	Centro custo	Ordem	
5402	1	40		159100		1.000,00	EUR				
	2	50		417000		1.000,00-	EUR				

Figura 2.67: Apresentar um documento contabilístico, passo 5

6. Para apresentar os detalhes para um item individual, dê um clique duplo na linha ou selecione o item individual e clique em 🔍. Aparecem os detalhes do item individual (Figura 2.68). Escolha o ícone VOLTAR 🔙, na barra de ferramentas na parte superior da tela, para voltar à vista de entrada de dados.

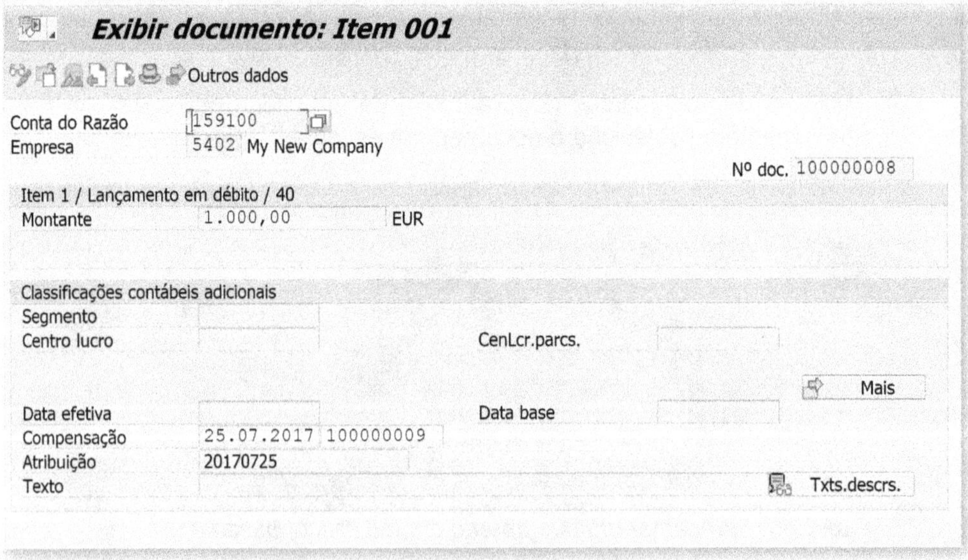

Exibir documento: Item 001

Outros dados

Conta do Razão   159100
Empresa   5402 My New Company

Nº doc. 100000008

Item 1 / Lançamento em débito / 40
Montante   1.000,00   EUR

Classificações contábeis adicionais
Segmento
Centro lucro   CenLcr.parcs.

↪ Mais

Data efetiva   Data base
Compensação   25.07.2017 100000009
Atribuição   20170725
Texto   Txts.descrs.

Figura 2.68: Apresentar um documento contabilístico, passo 6

7. Para rever a informação de cabeçalho para o documento, clique em ⨐ (Figura 2.69).

⌧ Cabeçalho: empresa 5402				☒
Tp.doc.	SA ☐ c.conta do Razão			
Txt.cab.doc.	testar compensação			
Referência		Data documento	25.07.2017	
		Data lçto.	25.07.2017	
Moeda	EUR	Período	07 / 2017	
Operação ref.	BKPF Documento contábil			
Chave ref.	010000000854022017	Sist.lóg.	I68CLNT850	
Criado por	SIEBERT	Autor pré-ediç.		
Data de entrada	25.07.2017	Hora registro	15:09:05	
Pré-reg.		Pré-editado às	00:00:00	
CódT	FB50			
Modificado em		Últ.atualização		
Grp.ledger				
ChvReferCabeç 1		ChRefCab 2		

Figura 2.69: Apresentar um documento contabilístico, passo 7

2.3.7   FB02/FB09: Mudar documentos da conta G/L

A capacidade de mudar documentos da conta G/L está limitada a certos campos, tais como ao de atribuição, de texto de cabeçalho ou de item individual e números de referência. Não é possível mudar os montantes nos documentos da conta G/L. Vamos explorar a mudança do cabeçalho e do item individual com a transação FB02.

1. A partir do menu SAP Easy Access, navegue para: Contabilidade Financeira • Razão • Documento • FB02 – Modificar

Mudar documentos contabilísticos

Em vez de navegar para a transação de mudança do documento pelo menu, você pode escrever *FB02* no campo de comando e pressionar ⌐Enter⌐ para acessar a tela Modificar Documento.

2. Introduza o documento *100000000*, o código da empresa *5402* e o ano fiscal *2014* e clique em ✅ para editar o nosso documento (Figura 2.70). Como alternativa, poderíamos ter selecionado ⚏Lista de documentos, como se pode ver na Figura 2.64, e, em seguida, ter escolhido um documento para editar a partir da lista seguinte.

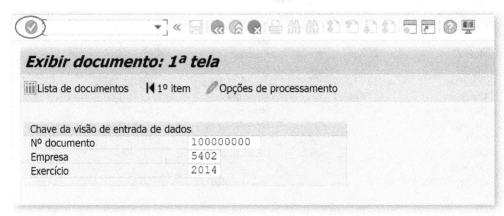

Figura 2.70: Mudar um documento contabilístico, passo 2

3. Escolha 📇 para mudar a informação do cabeçalho do documento (Figura 2.71).

Figura 2.71: Mudar um documento contabilístico, passo 3

Vamos mudar o texto de referência. Introduza um novo texto e, em seguida, clique em ☑ para continuar (Figura 2.72).

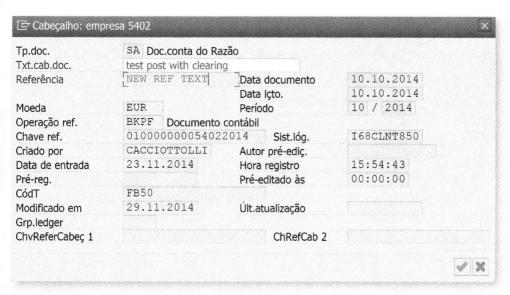

Figura 2.72: Mudar um documento contabilístico, passo 4

4. Agora que o texto do cabeçalho foi mudado, vamos mudar o texto no item individual para a conta de despesas (Figura 2.73). Selecione a linha e clique em 🔍 ou simplesmente dê um clique duplo na linha.

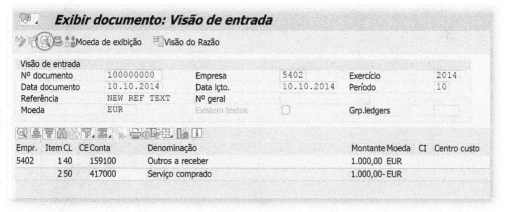

Figura 2.73: Mudar um documento contabilístico, passo 5

5. Introduza as mudanças desejadas e clique em 🔲 para salvar (Figura 2.74).

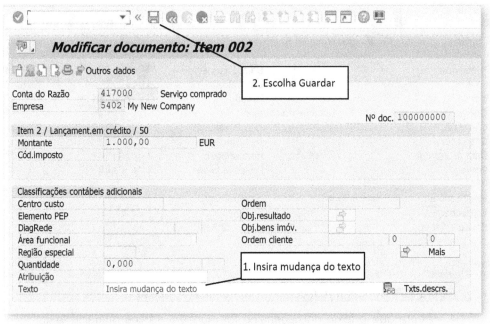

Figura 2.74: Mudar um documento contabilístico, passo 6

6. Uma mensagem confirma que as mudanças foram salvas (Figura 2.75).

☑ Modificações foram gravadas

Figura 2.75: Mudar um documento contabilístico, passo 7

Em vez de navegar para o item individual a partir do cabeçalho do documento, pode-se ir diretamente para o item individual que será mudado.

A partir do menu SAP Easy Access, navegue para: CONTABILIDADE FINANCEIRA • RAZÃO • DOCUMENTO • FB09 – MODIFICAR ITEM.

Mudar itens individuais

Em vez de navegar para a transação de mudança do documento pelo menu, você pode escrever *FB09* no campo de comando e pressionar ⟨Enter⟩ para acessar a tela MODIFICAR ITEM.

A tela MODIFICAR ITEM é idêntica à tela MODIFICAR (Figura 2.70). É possível selecionar ⫶⫶⫶Lista de documentos para localizar documentos ou podemos introduzir os detalhes do documento e clicar em ✅, na barra de ferramentas na parte superior da tela para navegar diretamente para o documento desejado. Se o item individual é conhecido, o mesmo também pode ser introduzido. É possível escolher apresentar apenas itens individuais com tipos específicos de contas de ledger geral. Isto pode ser útil para documentos da conta G/L com um grande número de itens individuais, em que apenas um tipo específico de conta requer uma mudança.

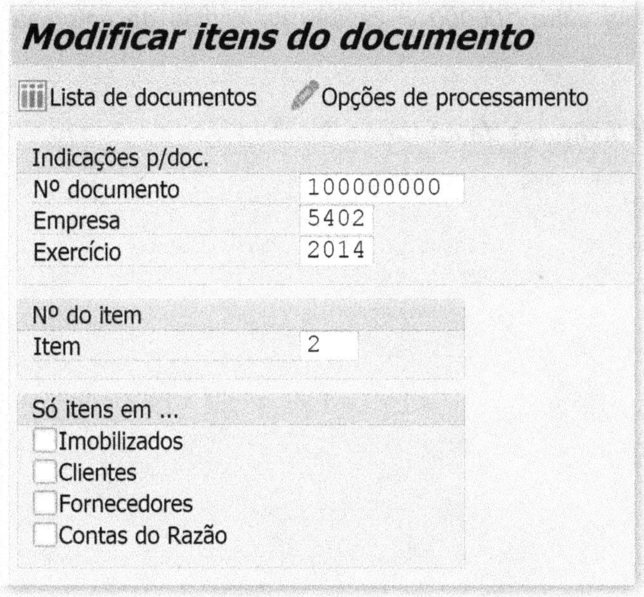

Modificar itens do documento

⫶⫶⫶Lista de documentos   ✏Opções de processamento

Indicações p/doc.
N° documento	100000000
Empresa	5402
Exercício	2014

N° do item
| Item | 2 |

Só itens em ...
☐Imobilizados
☐Clientes
☐Fornecedores
☐Contas do Razão

Figura 2.76: Apresentar/mudar itens individuais

2.3.8 FAGLL03: Lista de itens individuais

Muitas vezes, você vai querer uma lista de todos os itens individuais para uma conta específica ou grupo de contas. A partir do menu SAP Easy Access, navegue para:

RAZÃO • CONTA • FAGLL03 – EXIBIR/MODIFICAR PARTIDAS (NOVO)

Lista de itens individuais

 Em vez de navegar para a lista de itens individuais pelo menu, você pode escrever *FAGLL03* no campo de comando e pressionar Enter para acessar a tela.

Na tela de seleção, você pode introduzir os critérios para seleção dos itens individuais que você quer apresentar. No exemplo apresentado na Figura 2.77, vamos pedir uma lista de todos os documentos lançados para qualquer conta entre *100000* e *299999* no código da empresa *5402*.

Lista de partidas individuais da conta do Razão Visão do Razão

Sel.ledger   Visão entrada   Fontes de dados

Seleção - conta do Razão

Conta do Razão	100000	até	299999
Empresa	5402	até	

Seleç.c/ajuda p/pesquisa
ID ajud.pesq.
Cad.pesq.

Seleção das partidas
Status
○ Partidas em aberto
Aberto à data fixada

○ Partidas compensadas
Data de compensação   até
Aberto à data fixada

● Todas as partidas
Data de lançamento   01.01.2014   até   31.12.2014

Tipo
Ledger   0L
☐ Sel.lçtos.transp.saldo inicial

Figura 2.77: Apresentação de item individual da conta G/L, selecionar documentos

Após introduzir os critérios de seleção, clique em ⊕ para apresentar a lista de documentos mostrada na Figura 2.78.

Lista de partidas individuais da conta do Razão Visão do Razão

	St	Atribuição	Nº doc.	Div	Tip	Data doc.	CL	Mont.em MI	MoedI	CI	DocCompens	Texto

Conta do Razão   159100   Outros a receber
Empresa   5402
Ledger   OL

	St	Atribuição	Nº doc.	Div	Tip	Data doc.	CL	Mont.em MI	MoedI	CI	DocCompens	Texto
☐	⊞	20141010	100000000		SA	10.10.2014	40	1.000,00	EUR		100000001	
	⊞	20141123	100000001		SA	23.11.2014	50	1.000,00-	EUR		100000001	let's clear doc
*	⊞							0,00	EUR			
** Conta 159100								0,00	EUR			

Conta do Razão   204000
Empresa   5402
Ledger   OL

	St	Atribuição	Nº doc.	Div	Tip	Data doc.	CL	Mont.em MI	MoedI	CI	DocCompens	Texto
☐	✓	20140131	100000002		SA	31.01.2014	50	1.000,00-	EUR			
*	✓							1.000,00-	EUR			
** Conta 204000								1.000,00-	EUR			

Figura 2.78: Apresentação de item individual da conta G/L

Seleções adaptadas

Você pode ter a necessidade de ser bastante específico quando escolhe documentos para apresentar. Estão disponíveis critérios de filtros adicionais ao escolher o ícone SELEÇÕES LIVRES)≣((Figura 2.79).

Lista de partidas individuais da conta do Razão Visão do Razão

Sel.ledger   Visão entrada   Fontes de dados

Seleção - conta do Razão

Conta do Razão	100000	até	299999
Empresa	5402	até	

Figura 2.79: Ícone de seleções livres

Quando se escolhe este ícone, aparece a tela de seleção livre. O painel de navegação no lado esquerdo contém várias características que podem ser usadas para filtrar ainda mais as seleções. As características são agrupadas de acordo com as categorias. Algumas características pertencem aos dados mestres G/L, algumas pertencem ao código da empresa G/L e outras pertencem aos atuais itens individuais da conta G/L.

Ao selecionar características dando-lhes um clique duplo, as mesmas aparecem no lado direito da tela para que se possa introduzir critérios de seleção. No exemplo apresentado na Figura 2.80, é escolhida apenas uma característica (atribuição), porém, é possível selecionar muitas características, conforme desejado.

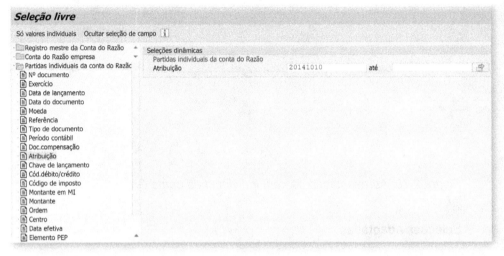

Figura 2.80: Seleções adaptadas disponíveis

Quando tiver concluído a seleção, clique em 🖫 para voltar à primeira tela. Você verá que, à direita do ícone de seleção adaptada, existe a indicação de que uma seleção adaptada está ativa (Figura 2.81):

Lista de partidas individuais da conta do Razão Visão do Razão

📊 1 ativ.	Sel.ledger	Visão entrada	Fontes de dados	

Seleção - conta do Razão
Conta do Razão	100000	🗖	até	299999
Empresa	5402		até	

Figura 2.81: Seleções adaptadas ativas

Quando se escolhe Executar ⊕, são apresentados apenas os documentos que satisfazem todos os critérios do filtro, incluindo as seleções adaptadas (Figura 2.82).

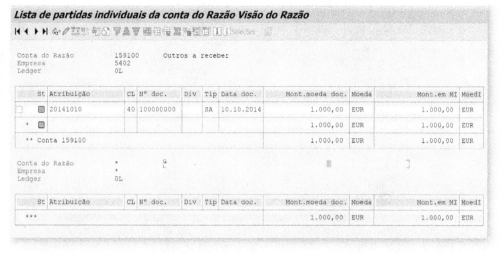

Figura 2.82: Lista de itens individuais, seleções adaptadas

Criar variantes

Agora que você viu o poder das seleções adaptadas e talvez até tenha criado uma vista com múltiplos critérios, é possível que esteja tentando achar uma maneira de se lembrar de todas as escolhas que fez para repetir a lista no futuro. Criar uma variante vai poupar-lhe esse trabalho de ter que se lembrar e também de ter que reintroduzir os critérios.

Para salvar uma variante, na tela de seleção, com todos os seus critérios introduzidos, clique em 🖫 (Figura 2.83).

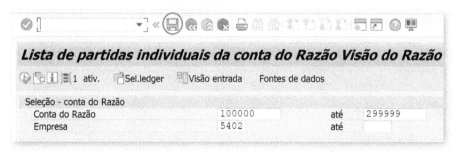

Figura 2.83: Criar uma variante

Na tela ATRIBUTOS VARIANTE, introduza um nome e descrição de variante e, em seguida, clique em 🖫 para salvar a variante (Figura 2.84).

Atributos variante

Transferir atribuição de tela 🔲

Nome variante	/MYSELECTIONS
Signific.	GL Balance Sheet Transaction

☐ Só p/processamento background
☐ Proteger variante
☐ Só exibir em catálogo
☐ Variante sistema (transporte automático)

Atribuiç.tela

☐ Criado   Tela de seleção
✓   1000

🔲 Nome técnico

Objeto da tela de seleção

Tela de seleção	Nome do campo	Tipo	Proteger campo	Ocultar campo	Ocultar o campo 'BIS'	Gravar campo sem valores	Desativar GPA
1.000	Conta do Razão	S	☐	☐	☐	☐	☐
1.000	Empresa	S	☐	☐	☐	☐	☐
1.000	SD_INDEX	P	☐	☐	☐	☐	☐
1.000	Moeda interna alternativa	P	☐	☐	☐	☐	☐

Figura 2.84: Salvar nome e descrição da variante

Da próxima vez que executar a transação, clique em 🗂 para recuperar a sua variante (Figura 2.85). Quando aparece a lista de variantes, selecione a sua variante e clique em ✅. Os seus critérios de seleção ficarão ocupados e você pode executar a transação. Você pode fazer pequenas mudanças na sua seleção, por exemplo, mudar a faixa da data, antes da execução.

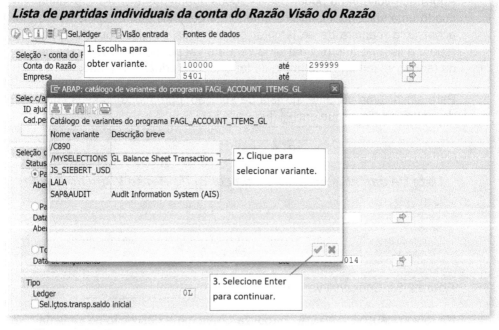

Figura 2.85: Recuperar uma variante

2.3.9   FAGLB03: Apresentar saldos

Outra transação útil permite ver o saldo em uma conta ao longo de todos os períodos contabilísticos. A partir do menu SAP Easy Access,
navegue para:

CONTABILIDADE FINANCEIRA • RAZÃO • CONTA • FAGLB03 – EXIBIR SALDOS
(NOVO)

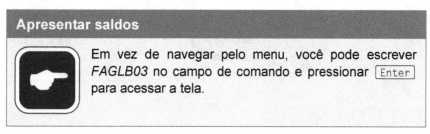

Apresentar saldos

Em vez de navegar pelo menu, você pode escrever
FAGLB03 no campo de comando e pressionar [Enter]
para acessar a tela.

Introduza os critérios de seleção e clique em ⊕ para executar (Figura
2.86).

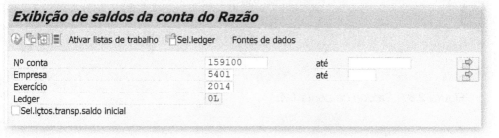

Exibição de saldos da conta do Razão

Ativar listas de trabalho   Sel.ledger   Fontes de dados

Nº conta	159100	até	
Empresa	5401	até	
Exercício	2014		
Ledger	0L		

Sel.lçtos.transp.saldo inicial

Figura 2.86: Critérios de seleção da apresentação do saldo

O débito total, o crédito total, o saldo e o saldo cumulativo são apresentados para cada período contabilístico (Figura 2.87). Se você tivesse
selecionado mais do que uma conta, poderia ver as contas individuais.
Se o seu ambiente estiver configurado para moedas adicionais (fora do
âmbito deste livro), é possível selecionar o ícone de moeda 醋 para ver
as várias moedas.

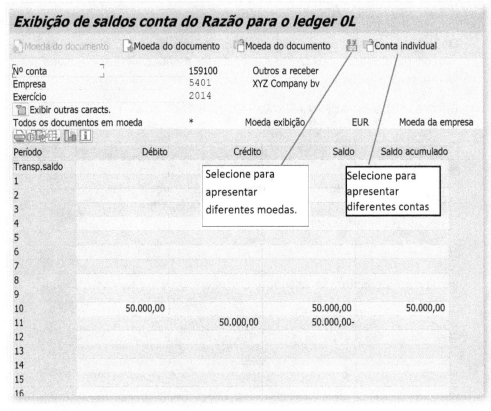

Figura 2.87: Saldos da conta G/L

2.3.10 Outros relatórios do Ledger Geral SAP

Acessar o Sistema Informativo G/L SAP

Vimos várias transações que nos permitem ver os dados mestres SAP e as transações para o ledger geral. O sistema SAP é fornecido com dezenas de outras transações de relatório, que poderiam ocupar o livro inteiro. Com as funções básicas que descrevemos acima para introduzir critérios de seleção, se você usar as seleções adaptadas e criar variantes, é possível explorar os vários relatórios disponíveis para identificar os relatórios adequados às suas necessidades. Os relatórios encontram-se no menu Information System. Observe que existem vários submenus, onde se podem encontrar esses relatórios.

A título de exemplo, a partir do menu SAP Easy Access, navegue para:

CONTABILIDADE • CONTABILIDADE FINANCEIRA • RAZÃO • SISTEMA DE INFOR-
MAÇÃO • RELATÓRIOS RELATIVOS AO RAZÃO • DADOS MESTRE •
S_ALR_87012333 - QUERY DE LISTA DE CONTAS DO RAZÃO

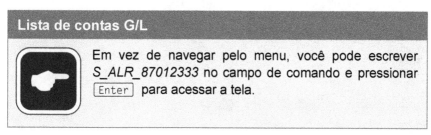

Apesar de estarem disponíveis muitas opções de seleção e formatos de
saída, para o nosso exemplo, vamos apenas escolher o código da empresa e uma apresentação de tabela (Figura 2.88):

Figura 2.88: Seleção da lista de contas G/L

A lista de contas G/L é apresentada (Figura 2.89).

Lista de contas Razão

ALV Ampliado ABC Delimitações

Lista de contas Razão   Status   /

	PlCt	Conta do Ra...	Empresa	Texto descritivo		F F
	INT1	100000	5402			
	INT1	100009	5402			
	INT1	100010	5402			
	INT1	100100	5402			
	INT1	100101	5402			
	INT1	100102	5402			
	INT1	100103	5402			
	INT1	100104	5402			
	INT1	100105	5402			

Figura 2.89: Lista de contas G/L

Este capítulo forneceu uma visão geral do Ledger Geral SAP. Usando este livro como guia, você será capaz de criar dados mestres básicos e transações no ledger geral.

2.4   Exercícios

2.4.1   Adicione uma conta G/L (conta de despesas)

Conta #	474272
Descrição	Custos de viagem, pedágio
Número da conta de grupo	312400
Grupo de estado de campo	G069

Tabela 2.3: Detalhes para a nova conta G/L

2.4.2   Lance uma entrada para incluir a nova conta de despesas

Débito da conta 474272, EUR 50
Crédito da conta 165099, EUR 50

Dica

Você pode ter que usar a transação *OB52* para assegurar que os períodos de lançamento para o período de lançamento dos códigos da empresa variante de 1000 estejam abertos, como se pode ver na Figura 2.90.

Modificar visão "Períodos contábeis: definir intervalos": síntese

Entradas novas

Var.períodos contáb.　1000

Períodos contábeis: definir intervalos

C	Da conta	Até conta	De per.1	Ano	Até per.1	Ano	GrAu	De per.2	Ano	Até per.2	Ano
+			1	2008	12	2017	1	1	2008	12	2017
A		ZZZZZZZZZZ	1	2008	12	2017	1	1	2008	12	2016
D		ZZZZZZZZZZ	1	2008	12	2017	1	1	2008	12	2016
K		ZZZZZZZZZZ	1	2008	12	2017	1	1	2008	12	2016
M		ZZZZZZZZZZ	1	2008	12	2017	1	1	2008	12	2016
S		ZZZZZZZZZZ	1	2008	12	2017	1	1	2008	12	2016
V			1	2008	12	2017	1	1	2008	12	2016

Figura 2.90: OB52 – períodos de lançamento

2.4.3　Adicione um item aberto à conta G/L

Conta:	159105 – Funcionário a Receber
Descrição:	Funcionário a Receber
Chave de ordenação:	001
Conta de grupo:	125300
Grupo de estado de campo:	G019

2.4.4　Lance uma entrada para a nova conta de item aberta

Montante de entrada:	1000 débito
Moeda:	EUR
Compensação para conta:	474250

Atenção

 Use a transação *FS00* para verificar se os dados de controle não têm uma categoria de taxas e se é permitido o lançamento sem taxa.

2.4.5 Lance com compensação para compensar o item lançado acima

Dar baixa do item aberto para a conta 110000.

2.4.6 Apresente documentos lançados

3   Introdução ao SAP Contas a Receber

Este capítulo abordará a configuração e os dados mestres exigidos para a gestão de contas a receber. Também serão apresentados os códigos de transação para criar lançamentos para contas de cliente, incluindo faturas e notas de crédito. Você aprenderá como aplicar os pagamentos do cliente para compensar itens a receber abertos. O capítulo também tratará de alguns dos relatórios disponíveis para contas a receber.

3.1   O que são Contas a Receber SAP (AR)?

Na nossa abordagem à contabilidade no início do Capítulo 2, aprendemos sobre as contas ledger geral, que permitem que um negócio registre as transações comerciais para apresentar relatórios sobre a atividade comercial em um relatório de *lucros e perdas* ou *P&L* ou para apresentar o patrimônio líquido de um negócio em um relatório de *balancete*.

Quando a transação de contabilidade envolve um cliente, por exemplo, uma fatura enviada ao cliente para uma transação de venda, a transação da conta de ledger geral é registrada como um débito para uma conta a receber e um crédito para uma conta de receitas.

Para que o negócio acompanhe as transações de contas a receber e a coleta dos seus clientes, o sistema contabilístico tem que fornecer um montante significativo de informações para cada transação contabilística relacionada aos clientes. Por exemplo, os termos da fatura do cliente, que indicam uma data de vencimento e qualquer desconto disponível a que o cliente possa ter direito quando efetuar o pagamento, são importantes para um contador saber quando deve acompanhar as faturas pendentes de clientes. Há outras informações importantes, tais como o endereço e contato do cliente, para poder seguir as transações a receber pendentes.

No capítulo sobre o ledger geral, vimos que os dados mestres para contas do ledger geral não contêm qualquer informação sobre o acima mencionado. Para permitir o relatório detalhado de contas a receber, é utilizado um *ledger subsidiário* (geralmente designado por *subledger*) que contém todos os detalhes específicos para contas a receber, mas não é necessário nas contas do ledger geral.

O ledger subsidiário total corresponde ao total na conta do ledger geral para contas a receber. A conta do ledger geral é conhecida por conta de controle ou conta de reconciliação.

É a funcionalidade de integração do sistema SAP que mantém a conta de controle sincronizada com a conta de subledger. Existem outros sistemas contabilísticos em que este não é o caso, nos quais são necessários o lançamento separado e a atividade de reconciliação.

Idêntico à constituição do ledger geral, no módulo de Contas a Receber SAP, nós temos dados mestres e dados de transação. (Consulte a Seção 2.1 para relembrar as definições de dados mestres e dados de transação).

3.2 Dados mestres do cliente

3.2.1 Registros principais do cliente

Na nossa introdução a Contas a Receber SAP (AR), mencionamos que existe uma quantidade significativa de informação que pode ser mantida para clientes para facilitar a coleta e o relatório. Muitos dos campos são utilizados nos módulos SAP que se integram com AR, tal como SD (Vendas e Distribuição) ou FSCM (Gestão da Cadeia de Fornecimento Financeiro). Como a abordagem de todas as opções está fora do âmbito deste livro, nesta seção, como criamos um cliente, vamos utilizar apenas alguns dos numerosos campos disponíveis.

1. A partir do menu SAP Easy Access, navegue para: CONTABILIDADE • CONTABILIDADE FINANCEIRA • CLIENTES • DADOS MESTRE • FD01 - CRIAR.

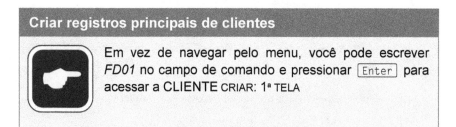

Criar registros principais de clientes

Em vez de navegar pelo menu, você pode escrever *FD01* no campo de comando e pressionar [Enter] para acessar a CLIENTE CRIAR: 1ª TELA

2. Em CLIENTE CRIAR: 1ª TELA (Figura 3.1), temos a opção de criar uma conta com referência a outras contas, no entanto, no nosso caso, vamos criar um novo cliente a partir do esboço. Use a opção de menu para o campo GRUPO DE CONTAS para selecionar o grupo de contas RECEBEDOR DE FATURA. Introduza o código da empresa e clique em ✅ para continuar. No nosso ambiente IDES, o grupo de contas RECEBEDOR DE FATURA foi configurado para a atribuição automática de números de cliente e, por isso, o campo de cliente fica vazio.

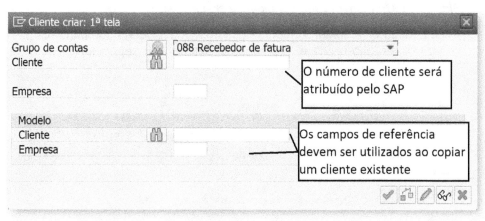

Figura 3.1: Criar um registro principal de cliente, passo 2

3. Introduzir a informação do nome e do endereço do cliente no separador ENDEREÇO. Selecione Dados da empresa (Figura 3.2).

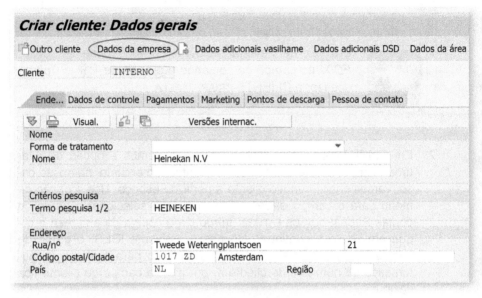

Figura 3.2: Criar um registro principal de cliente, passo 3

4. Introduza uma conta de reconciliação do ledger geral no separador ADMINISTRAÇÃO CONTA e, em seguida, selecione o separador PAGA-MENTOS (Figura 3.3).

Criar cliente: Dados da empresa

🗂Outro cliente   Dados gerais 📄 📄   Dados adicionais vasilhame   Dados adicionais DSD   Dados

| Cliente | INTERNO | Heinekan N.V | | Amsterdam |
| Empresa | 5402 | My New Company | | |

Administração c... Pagamentos Correspondência Seguros

Administração de conta
Cta.concil.	140010	Chave de ordenação	
Sede		Código preferência	
Autorização		Grp.admin.tesour.	

Figura 3.3: Criar um registro principal de cliente, passo 4

5. Introduza o código para as condições de pagamento e, em seguida, clique em 🖫, na barra de ferramentas na parte superior da tela para salvar (Figura 3.4).

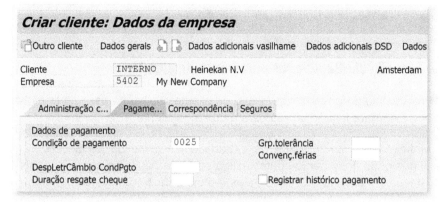

Figura 3.4: Criar um registro principal de cliente, passo 5

6. Por não termos salvo os dados gerais antes de introduzir os dados do código da empresa, temos que confirmar os dados gerais. Clique em ✓ para continuar (Figura 3.5).

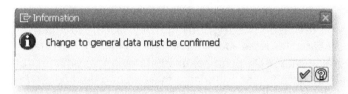

Figura 3.5: Criar um registro principal de cliente, passo 6

7. O sistema SAP devolve uma mensagem confirmando que o registro do cliente foi criado (Figura 3.6).

☑ O cliente 0005000020 foi criado na empresa 5402.

Figura 3.6: Criar um registro principal de cliente, passo 7

O novo cliente está agora disponível para ser lançado.

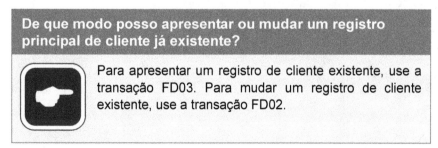

De que modo posso apresentar ou mudar um registro principal de cliente já existente?

Para apresentar um registro de cliente existente, use a transação FD03. Para mudar um registro de cliente existente, use a transação FD02.

3.3 Transações de Contas a Receber SAP

3.3.1 FB70/F-22: Lançar uma fatura de cliente

Uma vez criado o registro principal de cliente, podemos usar as transações SAP para lançar faturas para a conta de cliente.

Lembre-se da contabilidade de entrada dupla discutida na Seção 1.2, em que cada documento contabilístico continha débitos e créditos iguais e de compensação. Quando registramos uma fatura de cliente para cobrar a um cliente, nós criamos uma entrada de débito para a conta de cliente e uma entrada de crédito (normalmente) para uma conta de lucros e perdas. O sistema SAP fornece duas transações para lançar faturas para contas de clientes: FB70 e F-22.

Ambas as transações requerem a introdução da conta de cliente e da(s) conta(s) de compensação de lucros e perdas, e ambas as transações produzem o mesmo resultado nos registros contabilísticos. No entanto, as telas de entrada são diferentes. O layout de tela de FB70 é adequado para lançar para um cliente. F-22 pode ser usado para lançar uma fatura a múltiplos clientes ou para lançar entradas a mais do que um código de empresa. Além disso, a taxa de câmbio para faturas em moedas estrangeiras pode ser introduzida manualmente com F-22.

Vamos lançar uma fatura usando cada uma das transações.

Transação FB70: Fatura

Neste exemplo, vamos lançar uma fatura de cliente para um cliente com um único item individual lançando para uma conta de lucros e perdas para compensar a conta a receber.

1. A partir do menu SAP Easy Access, navegue para: CONTABILIDADE • CONTABILIDADE FINANCEIRA • CLIENTES •LANÇAMENTO • FB70 - FATURA

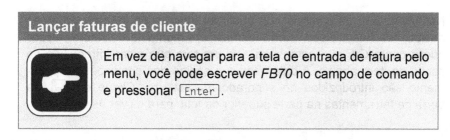

Figura 3.7: Lançar uma fatura de cliente, FB70, passo 1

2. A partir da barra de ferramentas, selecione ⒮🔲Empresa. Introduza o código da empresa e, em seguida, clique em ✅ para continuar (Figura 3.8).

Figura 3.8: Lançar uma fatura de cliente, FB70, passo 2

3. Introduza detalhes para o documento, conforme apresentado na Figura 3.9. Pressione ⌈Enter⌉ para navegar passando por qualquer mensagem de aviso relacionada com os períodos de lançamento, por exemplo: ⚠ Period 12 adjusted in line with posting date 09/05/2014

Na Figura 3.9, os campos nos quais foi introduzida informação estão destacados. Além disso, para introduzir um montante de fatura, repare que a conta G/L que compensa a fatura tem que estar introduzida na seção do item abaixo. A data base e o código das condições de pagamento são introduzidos no separador PAGAMENTO. Clique em 💾, na barra de ferramentas na parte superior da tela, para salvar as entradas.

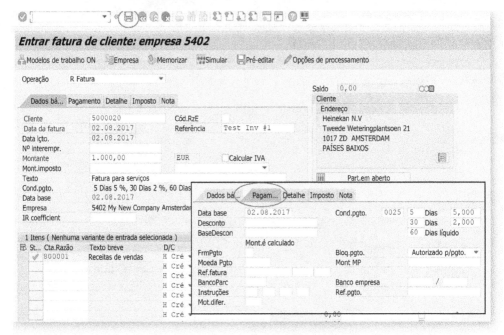

Figura 3.9: Lançar uma fatura de cliente, FB70, passo 3

Conta G/L para compensar

Certifique-se de escolher uma conta G/L de compensação que não exija uma categoria de taxa, uma vez que não configuramos taxas no nosso ambiente exemplificativo. Use a transação *FS00* para apresentar a conta e, em seguida, selecione o separador DADOS DE CONTROLE e certifique-se de que o campo da categoria de taxas esteja vazio.

4. Se desejar, use a transação FB03 (conforme descrito na Seção 2.3.6) para apresentar o documento (Figura 3.10):

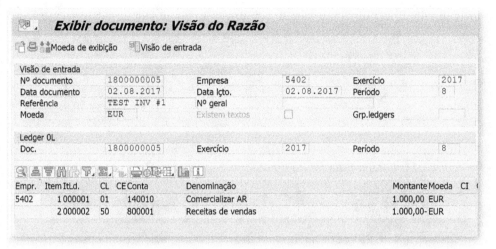

Figura 3.10: Lançar uma fatura de cliente, FB70, passo 4

Transação F-22: Fatura – Geral

Neste exemplo, vamos lançar uma fatura de cliente que cobre dois clientes diferentes e que tem múltiplas contas de lucros e perdas de compensação.

1. A partir do menu SAP Easy Access, navegue para: CONTABILIDADE • CONTABILIDADE FINANCEIRA • CLIENTES • LANÇAMENTO • F-22 - FATURA - GERAL

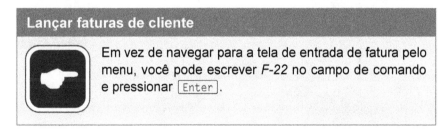

Lançar faturas de cliente

Em vez de navegar para a tela de entrada de fatura pelo menu, você pode escrever *F-22* no campo de comando e pressionar Enter.

2. Introduza detalhes para o documento, conforme apresentado na Figura 3.11, e pressione Enter. Os campos em que foi introduzida informação para o nosso exemplo estão destacados:

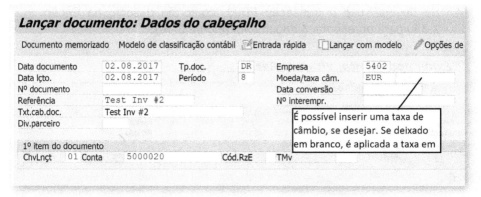

Figura 3.11: Lançar uma fatura de cliente, F-22, passo 2

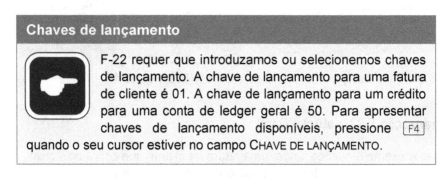

Chaves de lançamento

F-22 requer que introduzamos ou selecionemos chaves de lançamento. A chave de lançamento para uma fatura de cliente é 01. A chave de lançamento para um crédito para uma conta de ledger geral é 50. Para apresentar chaves de lançamento disponíveis, pressione [F4] quando o seu cursor estiver no campo CHAVE DE LANÇAMENTO.

3. Na tela seguinte (Figura 3.12), introduzimos o montante da fatura e as condições de pagamento. Na parte inferior da tela, introduzimos o segundo cliente a ser incluído no documento da fatura. Pressione [Enter] para navegar passando por qualquer mensagem de aviso relacionada com os períodos de lançamento, condições de pagamento ou datas vencidas.

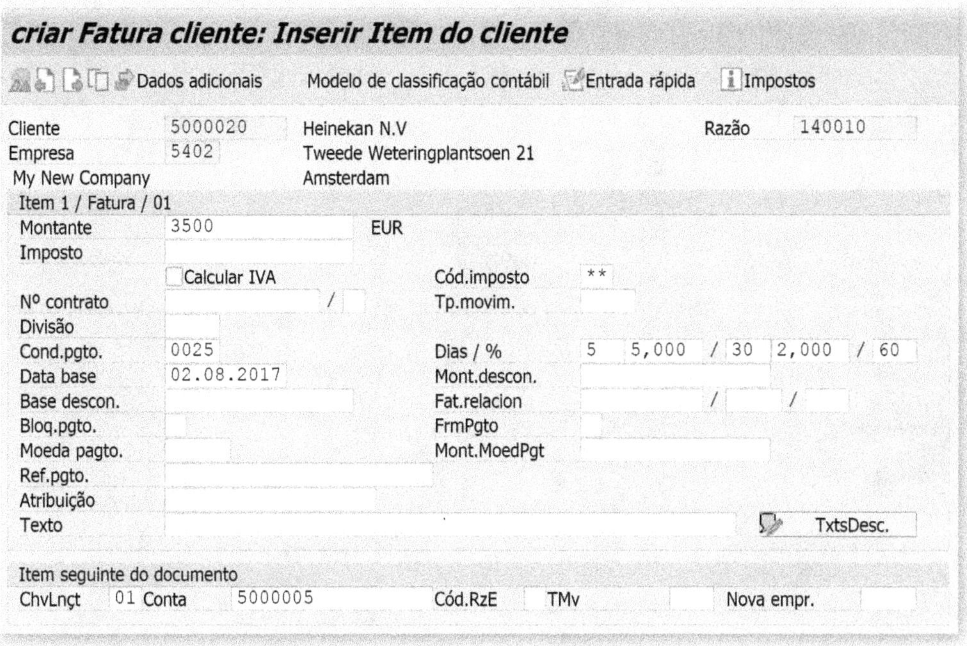

criar Fatura cliente: Inserir Item do cliente

Dados adicionais   Modelo de classificação contábil   Entrada rápida   i Impostos

Cliente	5000020	Heinekan N.V	Razão	140010
Empresa	5402	Tweede Weteringplantsoen 21		
My New Company		Amsterdam		

Item 1 / Fatura / 01

Montante	3500	EUR		
Imposto				
	Calcular IVA	Cód.imposto	**	
Nº contrato	/	Tp.movim.		
Divisão				
Cond.pgto.	0025	Dias / %	5 5,000 / 30 2,000 / 60	
Data base	02.08.2017	Mont.descon.		
Base descon.		Fat.relacion	/ /	
Bloq.pgto.		FrmPgto		
Moeda pagto.		Mont.MoedPgt		
Ref.pgto.				
Atribuição				
Texto				TxtsDesc.

Item seguinte do documento

ChvLnçt	01 Conta	5000005	Cód.RzE	TMv	Nova empr.	

Figura 3.12: Lançar fatura de cliente, F-22, passo 3

4. Na tela seguinte (Figura 3.13), introduzimos os detalhes para o segundo cliente. Na parte inferior da tela, podemos introduzir um cliente ou podemos introduzir a chave de lançamento 50 e começar a entrada da(s) conta(s) de lucros e perdas de compensação. Também podemos tirar vantagem da opção ENTRADA RÁPIDA na parte superior da tela. Em vez de introduzir o próximo item individual, clique em Entrada rápida.

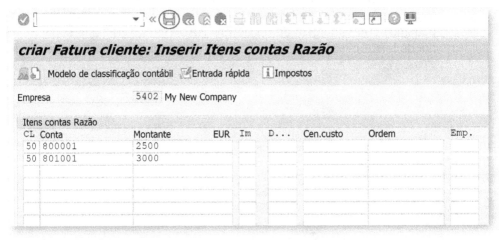

criar Fatura cliente: Corrigir Item do cliente

Dados adicionais   Modelo de classificação contábil   Entrada rápida   i Impostos

Cliente	5000005	Grolsch Brewery		Razão	140010
Empresa	5402	Browerslaan 1			
My New Company		Enschede			

Item 2 / Fatura / 01

| Montante | 2.000,00 | | EUR | | |

Cód.imposto   **

Nº contrato   /   Tp.movim.

Divisão

Cond.pgto.   0025   Dias / %   5   5,000   /   30   2,000   /   60

Data base   02.08.2017   Mont.descon.

Base descon.   Fat.relacion   /   /

Montante é calculado

Bloq.pgto.   FrmPgto

Moeda pagto.   Mont.MoedPgt

Ref.pgto.

Atribuição

Texto   TxtsDesc.

Item seguinte do documento

ChvLnçt   Conta   Cód.RzE   TMv   Nova empr.

Figura 3.13: Lançar fatura de cliente, F-22, passo 4

5. Introduza os detalhes do item individual para as contas de lucros e perdas de compensação e clique em 🖫 para lançar a entrada (Figura 3.14).

criar Fatura cliente: Inserir Itens contas Razão

Modelo de classificação contábil   Entrada rápida   i Impostos

Empresa   5402 My New Company

Itens contas Razão

CL	Conta	Montante	EUR	Im	D...	Cen.custo	Ordem	Emp.
50	800001	2500						
50	801001	3000						

Figura 3.14: Lançar uma fatura de cliente, F-22, passo 5

6. Se desejar, use a transação FB03 (conforme descrito na Seção 2.3.6) para apresentar o documento (Figura 3.15).

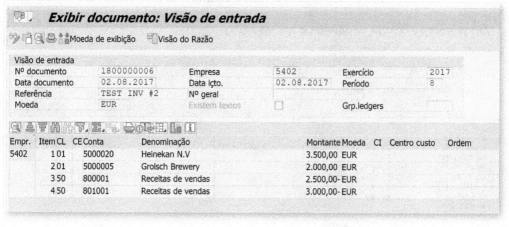

Figura 3.15: Lançar uma fatura de cliente, F-22, passo 6

3.3.2 FB75/F-27: Lançar uma nota de crédito

Quando registramos uma nota de crédito de cliente para creditar um cliente, criamos uma entrada de crédito para a conta de cliente e uma entrada de débito (normalmente) para uma conta de lucros e perdas. Semelhante à situação para lançar faturas de cliente, o sistema SAP fornece duas transações para lançar créditos para contas de cliente: FB75 e F-27.

Transação FB75: Nota de crédito

1. A partir do menu SAP Easy Access, navegue para: CONTABILIDADE • CONTABILIDADE FINANCEIRA • CLIENTES • LANÇAMENTO • FB75 - NOTA DE CRÉDITO

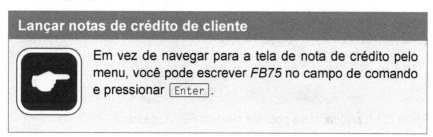

Lançar notas de crédito de cliente

Em vez de navegar para a tela de nota de crédito pelo menu, você pode escrever *FB75* no campo de comando e pressionar [Enter].

2. Introduza detalhes para o documento, conforme apresentado na Figura 3.16, e, em seguida, clique em 🖫. Os campos nos quais foi introduzida informação para o nosso exemplo estão destacados:

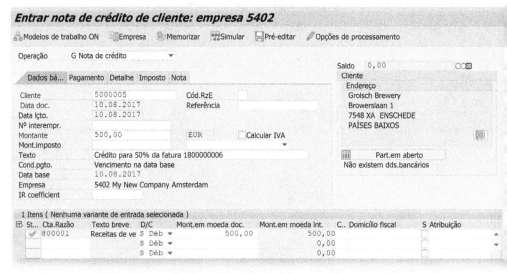

Figura 3.16: Lançar uma nota de crédito, FB75, passo 2

3. Se desejar, use a transação FB03 (conforme descrito na Seção 2.3.6) para apresentar o documento (Figura 3.17):

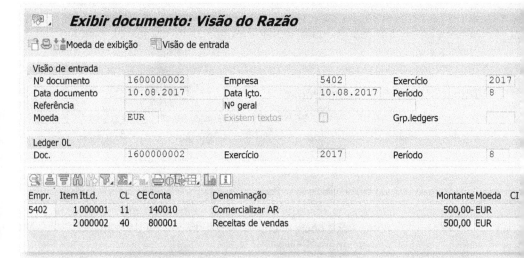

Figura 3.17: Lançar uma nota de crédito, FB75, passo 3

Transação F-27: Nota de Crédito – Geral

1. A partir do menu SAP Easy Access, navegue para:

CONTABILIDADE • CONTABILIDADE FINANCEIRA • CLIENTES • LANÇAMENTO • F-27 - NOTA DE CRÉDITO - GERAL

2. Introduza detalhes para o documento, conforme apresentado na Figura 3.18, e, em seguida, pressione [Enter].

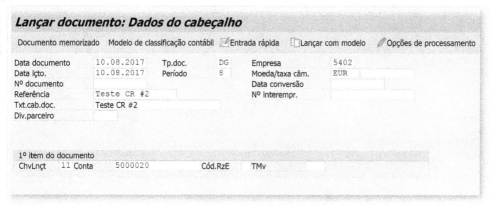

Figura 3.18: Lançar uma nota de crédito, F-27, passo 2

Chaves de lançamento

F-27 requer que introduzamos ou selecionemos chaves de lançamento. A chave de lançamento para uma nota de crédito de cliente é 11. A chave de lançamento para um crédito para uma conta de ledger geral é 40. Para apresentar chaves de lançamento disponíveis, pressione [F4] quando o seu cursor estiver no campo POSTING KEY.

3. Pressione [Enter] para navegar passando por qualquer mensagem de aviso relacionada com os períodos de lançamento, condições de pagamento ou datas vencidas, por exemplo:

⚠ Period 01 adjusted in line with posting date 10/10/2014

4. Introduza o montante da nota de crédito e as condições de pagamento. Na parte inferior da tela, introduza a chave de lançamento e a conta do ledger geral de compensação para a nota de crédito (Figura 3.19):

---

criar Nota crédito cliente: Corrigir Item do cliente

🔧📄📋📑 Dados adicionais   Modelo de classificação contábil   Entrada rápida   ℹ️ Impostos

Cliente	5000020	Heinekan N.V	Razão	140010
Empresa	5402	Tweede Weteringplantsoen 21		
My New Company		Amsterdam		

Item 1 / Crédito / 11

Montante	300,00	EUR	
Imposto			
	☐ Calcular IVA	Cód.imposto	**
Nº contrato	/	Tp.movim.	
Divisão			
Cond.pgto.	0025	Dias / %	5 5,000 / 30 2,000 / 60
Data base	10.08.2017	Mont.descon.	
Base descon.		Fat.relacion	/
	Montante é calculado		
Bloq.pgto.		FrmPgto	
Moeda pagto.		Mont.MoedPgt	
Atribuição			
Texto			🔽 TxtsDesc.

Item seguinte do documento

ChvLnçt	40 Conta	800001	Cód.RzE	Nova empr.

Figura 3.19: Lançar uma nota de crédito, passo 4

5. Pressione ⌷Enter⌷ para navegar passando por qualquer mensagem de aviso relacionada com os períodos de lançamento, condições de pagamento ou datas vencidas, por exemplo:

⚠ Net due date on 11/15/2014 is in the past

6. Introduza o montante para a compensação do ledger geral e clique em 🖫 para lançar a nota de crédito (Figura 3.20).

7. Use a transação FB03 (conforme descrito na Seção 2.3.6) para apresentar o documento, se desejar (Figura 3.21).

Documento Processar Ir para Suplementos Configurações Ambiente(U) Sistema Ajuda

criar Nota crédito cliente: Corrigir Item cta.do Razão

Dados adicionais   Modelo de classificação contábil Entrada rápida Impostos

Conta do Razão   800001   Receitas de vendas - dom
Empresa   5402 My New Company

Item 2 / Lançamento em débito / 40
Montante   300,00   EUR
                                            Sem desconto
Centro custo   Ordem
Elemento PEP   Obj.resultado
                                      Divisão
Centro de lucro   Ordem cliente
                                                              Mais
Atribuição
Texto   TxtsDesc.

Item seguinte do documento
ChvLnçt   Conta   Cód.RzE   Nova empr.

Figura 3.20: Lançar uma nota de crédito, F-27, passo 6

Exibir documento: Visão de entrada

Moeda de exibição   Visão do Razão

Visão de entrada
Nº documento   1600000003   Empresa   5402   Exercício   2017
Data documento 10.08.2017   Data Içto.   10.08.2017 Período   8
Referência   TESTE CR #2   Nº geral
Moeda   EUR   Existem textos   Grp.ledgers

Empr.	Item	CL	CE	Conta	Denominação	Montante	Moeda	CI	Centro custo
5402	1	11		5000020	Heinekan N.V	300,00-	EUR		
	2	40		800001	Receitas de vendas	300,00	EUR		

Figura 3.21: Lançar uma nota de crédito, F-27, passo 7

3.3.3   F-28/F-26: Registrar um pagamento que entra

O processo de registrar pagamentos para faturas de cliente tem vários passos. Além de introduzir o montante de pagamento, temos que escolher que faturas queremos compensar com o pagamento. Também temos de determinar a disposição de quaisquer diferenças entre o montante de pagamento e as faturas que estão sendo compensadas.

Transação F-28: Pagamentos que entram

No nosso primeiro exemplo, vamos introduzir um pagamento que vai compensar uma fatura em aberto e uma nota de crédito. O pagamento não será suficiente para compensar os documentos — a diferença será inferior ao montante de tolerância que definimos para os nossos clientes. Vamos deixar o sistema SAP dar baixa automaticamente da diferença para a conta definida na configuração da determinação da conta.

1. A partir do menu SAP Easy Access, navegue para: CONTABILIDADE •
    CONTABILIDADE FINANCEIRA • CLIENTES • LANÇAMENTO • F-28 - ENTRADA
    DE PAGAMENTOS

Lançar pagamentos a entrar

 Em vez de navegar para a tela de pagamentos que entram pelo menu, você pode escrever *F-28* no campo de comando e pressionar [Enter].

---

2. Introduza a informação básica sobre o pagamento conforme apresentado abaixo e, em seguida, selecione Processar PA (Figura 3.22).

Lançar entrada de pagamentos: Dados do cabeçalho

Processar PA

Data documento	03.09.2017	Tp.doc.	DZ	Empresa	5402
Data lçto.	04.09.2017	Período	9	Moeda/taxa câm.	EUR
Nº documento				Data conversão	
Referência				Nº interempr.	
Txt.cab.doc.				Div.parceiro	
Txt.compens.					

Dados bancários

Conta	110000		Divisão	
Montante	1800		Montante em MI	
Despesas			Despesas MI	
Data efetiva	04.09.2017		Centro de lucro	
Texto			Atribuição	

Seleção das partidas em aberto			Outra seleção	
Conta	5000005		⦿ nenhum	
Tipo de conta	D	☐ Outras contas	◯ Montante	
Código RzE		☑ PA normais	◯ Nº documento	
NºAvisPgto			◯ Data de lançamento	
☐ Distribuir por idade			◯ Área de advertência	
☐ Pesquisa automática			◯ outra	

Figura 3.22: Lançar pagamentos que entram, F-28, passo 2

3. Por não termos escolhido nenhum critério de seleção específico na tela anterior, são apresentados todos os documentos que estão abertos para o nosso cliente. Na Figura 3.23, você vai reparar que estes itens totalizam muito mais do que o nosso montante de pagamento de 642,00. Também podemos ver que os 5% de desconto aplicável à nota de crédito na conta são automaticamente refletidos. No entanto, os 5% de desconto sobre a fatura não são refletidos, uma vez que o montante do desconto está apenas disponível se o pagamento for recebido no intervalo de 5 dias a partir da data da fatura.

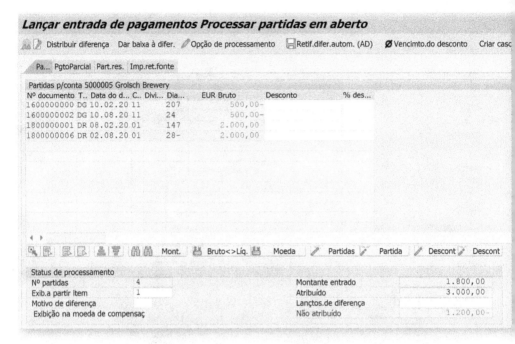

Figura 3.23: Lançar pagamentos a entrar, F-28, passo 3

4. No nosso exemplo, vamos presumir que o aviso de remessa do cliente indicava que o pagamento estava sendo feito para o documento 1800000006 e o cliente está deduzindo o documento de crédito 1600000002. Além disso, o cliente está usufruindo da totalidade dos 9,75% de desconto, apesar de não estar pagando nos termos especificados. Em virtude da nossa relação com o cliente, vamos permitir o desconto, apesar do pagamento atrasado.

   Primeiramente, temos que excluir a fatura 1800000001 da lista. Posicione o cursor neste documento que não está sendo pago e clique em `ﬠ :tems` para desativar o item (Figura 3.24).

5. Repare que o documento 1800000001 já não está incluído nos itens a compensar com o pagamento (consulte a Figura 3.25); o montante está em preto. Além disso, os montantes PARTIDAS e PARTIDA mudaram. Agora introduza a percentagem de desconto e pressione `Enter` (Figura 3.25).

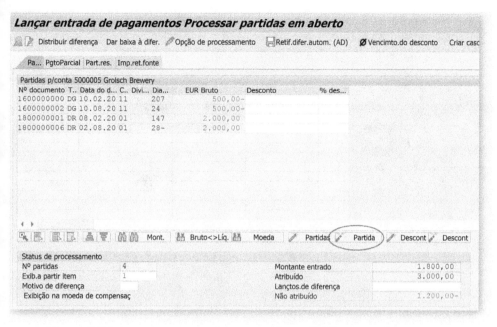

Figura 3.24: Lançar pagamentos que entram, F-28, passo 4

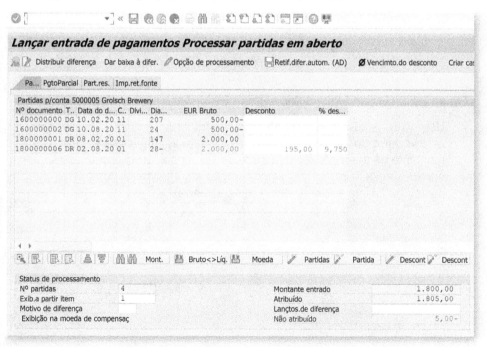

Figura 3.25: Lançar pagamentos que entram, F-28, passo 5

6. Na Figura 3.26, observe que o montante PARTIDAS voltou a mudar. Clique em 🖫 para lançar o pagamento e dar baixa do montante de 5,00 não atribuído para a conta de tolerância configurada.

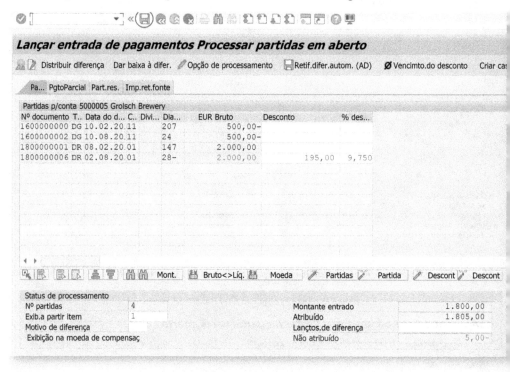

Figura 3.26: Lançar pagamentos a entrar, F-28, passo 6

7. Use a transação FB03 (conforme descrito na Seção 2.3.6) para apresentar o documento, se desejar. Na Figura 3.27, observe que o montante de desconto e o montante de tolerância foram cobrados às contas configuradas para a determinação automática da conta (Descontos de cliente e Outras deduções de venda).

Lançar entrada de pagamentos Exibir Síntese

Moeda de exibição   Impostos   Reinicializar

Data documento	03.09.2017	Tp.doc.	DZ	Empresa	5402
Data lçto.	04.09.2017	Período	9	Moeda	EUR
Nº documento	INTERNO	Exercício	2017	Data conversão	04.09.2017
Referência				Nº interempr.	
Txt.cab.doc.				Div.parceiro	

Itens na moeda do doc.

	CL	Div.	Conta		EUR Montante	Montante de
001	40		0000110000	Conta corrente	1.800,00	
002	40		0000880000	Descontos do client	195,00	
003	40		0000889000	Outras deduções nas	5,00	
004	15		0005000005	Grolsch Brewery	2.000,00-	

Figura 3.27: Lançar pagamentos que entram, F-28, passo 7

Transação F-26: Entrada Rápida de Pagamento

Tal como vimos com a transação F-28, a função de entrada rápida lança um documento de pagamento para a conta de cliente e permite que compensemos itens abertos.

Antes de fazermos uma demonstração usando a transação F-26, vamos usar a transação FBL5N para observarmos os itens abertos para o cliente 5000005 (Figura 3.28). A Seção 3.4.1 fornece uma explicação detalhada para usar FBL5N.

Relatório de partidas individuais de clientes

Seleções   Caso de disputa

Cliente	5000005
Empresa	5402
Nome	Grolsch Brewery
Local	Enschede

	St	Tp.doc.	Data doc.	VencLiquid	Compensaç.	Mont.em MI	MoedI	Nº doc.
	●	DG	10.02.2017	09.02.2017		500,00-	EUR	1600000000
	●	DG	10.08.2017	10.08.2017		500,00-	EUR	1600000002
	●	DR	08.02.2017	09.04.2017		2.000,00	EUR	1800000001
*	●					1.000,00	EUR	
** Conta 5000005						1.000,00	EUR	

Figura 3.28: Abrir itens para um cliente

Para o nosso exemplo, vamos registrar um pagamento de 2.000,00 para compensar a fatura 1800000001.

1. A partir do menu SAP Easy Access, navegue para: Contabilidade • Contabilidade financeira • Clientes • Lançamento •F-26 - Entrada rápida pgto.

Lançar pagamentos a entrar

 Em vez de navegar para a tela de entradas rápidas de pagamentos a entrar pelo menu, você pode escrever *F-26* no campo de comando e pressionar [Enter].

2. Introduza a informação de cabeçalho e escolha Entrar pagamentos (Figura 3.29).

Entrada rápida de pagamentos: Dados do cabeçalho

🗑Eliminar ▣.▣ ⟨Entrar pagamentos⟩

Especificações para as seguintes entradas de pagamento

Empresa	5402	Tipo de documento	DZ
Data de lançamento	04.09.2017	Período contábil	9
Conta bancária	110000		
Divisão		Div.parceiro	
Centro de lucro			
Cód.Razão Especial			

Dados propostos para as seguintes entradas de pagamento

Moeda	EUR
Referência	
Data do documento	03.09.2017
Data efetiva	

Campos de entrada adicionais
- ☐ Nº referência
- ☐ Encargos bancários
- ☐ Texto de compensação
- ☐ Procedimentos automát.de atribuição
- ☐ Texto cab.documento

Seleções adicionais
- ☐ Montante
- ☐ NºAvisPgto
- ☐ Seleção por data
- ☑ Seleção através chave refer.parceiro

Figura 3.29: Lançar pagamentos a entrar, F-26, passo 2

3. Introduza informação de pagamento, incluindo o documento *1800000001,* e selecione Processar PA (Figura 3.30)

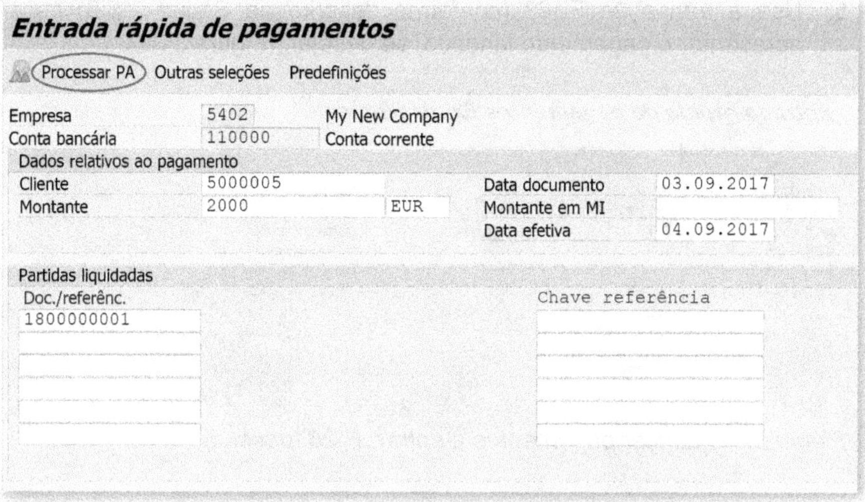

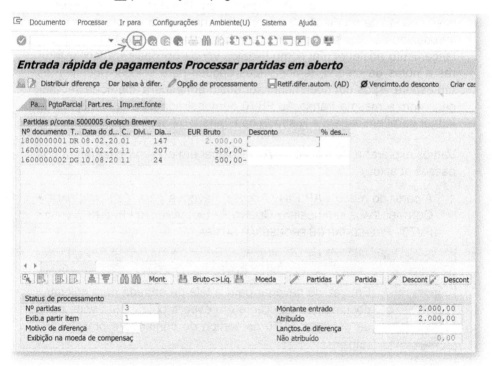

Figura 3.30: Lançar pagamentos a entrar, F-26, passo 3

4. Selecione 🖫 para lançar o pagamento.

Figura 3.31: Lançar pagamentos a entrar, F-26, passo 4

5. Use a transação FB03 (conforme descrito na Seção 2.3.6) para apresentar o pagamento lançado, se desejar. (Figura 3.32).

Entrada rápida de pagamentos Exibir Síntese

📇 ⬆️Moeda de exibição   ℹ️Impostos   ↺Reinicializar

Data documento	03.09.2017	Tp.doc.	DZ	Empresa	5402	
Data Içto.	04.09.2017	Período	9	Moeda	EUR	
Nº documento	INTERNO	Exercício	2017	Data conversão	04.09.2017	
Referência				Nº interempr.		
Txt.cab.doc.				Div.parceiro		

Itens na moeda do doc.

CL	Div.	Conta		EUR	Montante	Montante de
001 40		0000110000	Conta corrente		2.000,00	
002 15		0005000005	Grolsch Brewery		2.000,00-	

Figura 3.32: Lançar pagamentos a entrar, F-26, passo 5

3.3.4   Colocar documentos do cliente em espera

Semelhante à situação de pôr documentos do ledger geral em espera, que foi descrita na Seção 2.3.3, os documentos do cliente podem ser introduzidos e não ser lançados, sendo colocados em espera para um lançamento posterior. Tal como tivemos várias opções para lançar faturas e notas de crédito, temos várias opções para colocar documentos em espera. Após um documento ser posto em espera, ele pode ser lançado com a mesma transação FBV0 demonstrada para documentos do ledger geral em espera e ilustrada da Figura 2.37 até a Figura 2.41.

Vamos explorar a transação FV70 – Colocar em espera/Editar fatura nos passos abaixo.

1. A partir do menu SAP Easy Access, navegue para: CONTABILIDADE • CONTABILIDADE FINANCEIRA • CLIENTES • LANÇAMENTO • PRÉ-REGISTRO • FV70 - PRÉ-EDITAR OU PROCESSAR FATURA.

Colocar documentos do cliente em espera

👉 Em vez de navegar para a tela de entrada para colocar documentos do cliente em espera pelo menu, você pode escrever *FV70* no campo de comando e pressionar ⏎Enter.

2. Introduzir detalhes para o documento e, em seguida, escolher ⊟Gravar por completo (Figura 3.33).

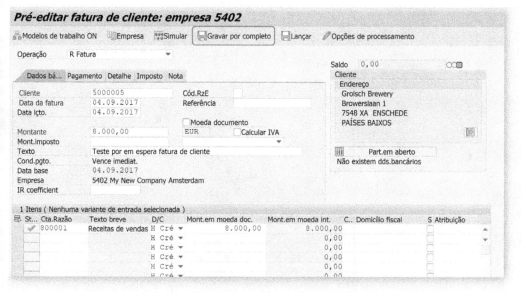

Figura 3.33: Colocar em espera/editar uma fatura, passo 2

3. Repare que o documento foi posto em espera.

4. Para lançar a fatura, siga os passos conforme descrito na Seção 2.3.3 FV50/FV50L: Documentos em espera. Use a transação FBV0 e introduza o número do documento ou use a função da lista de documentos para localizar o documento (Figura 3.34).

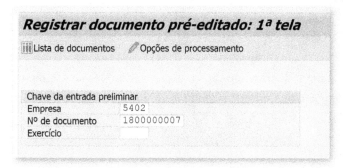

Figura 3.34: Colocar em espera/editar uma fatura, passo 4

5. Na tela para editar o documento em espera, clique em ⊟Lançar (Figura 3.35).

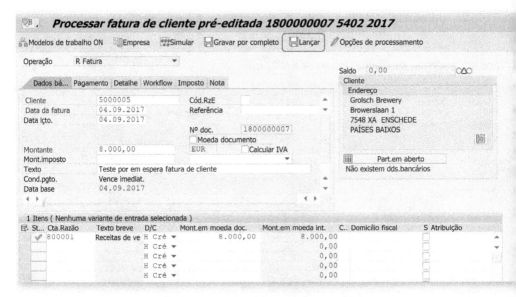

Figura 3.35: Colocar em espera/editar uma fatura, passo 5

6. Use a transação FB03 (conforme descrito na Seção 2.3.6) para apresentar o documento, se desejar (Figura 3.36).

Figura 3.36: Colocar em espera/editar uma fatura, passo 6

3.4 Relatórios de Contas a Receber SAP

O SAP fornece dezenas de relatórios para analisar contas de clientes. Tal como mencionamos quando abordamos os relatórios do ledger geral, os relatórios de contas a receber no SAP poderiam preencher o livro inteiro. Vou abordar alguns dos relatórios mais comuns e encorajá-lo a explorar o Sistema Informativo AR para conhecer o poder e a flexibilidade que o SAP proporciona.

3.4.1 Apresentar saldos de clientes

1. Para apresentar saldos de clientes do menu de SAP Easy Access, navegue para: CONTABILIDADE • CONTABILIDADE FINANCEIRA • CLIENTES • CONTA • FD10N - EXIBIR SALDOS.

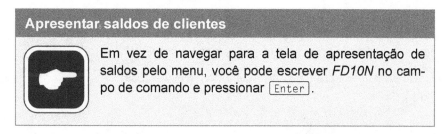

2. Introduza o número do cliente, código da empresa e ano fiscal e, em seguida, clique em ⊕ (Figura 3.37).

Figura 3.37: Apresentar saldos de clientes, passo 2

3. Os saldos de clientes são apresentados por período fiscal (Figura 3.38). Dê um clique duplo em um montante para apresentar os itens individuais detalhados.

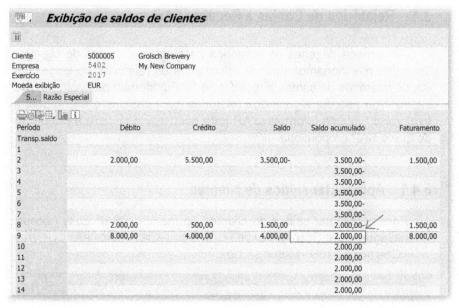

Exibição de saldos de clientes

Cliente   5000005   Grolsch Brewery
Empresa   5402   My New Company
Exercício   2017
Moeda exibição EUR
S... Razão Especial

Período	Débito	Crédito	Saldo	Saldo acumulado	Faturamento
Transp.saldo					
1					
2	2.000,00	5.500,00	3.500,00-	3.500,00-	1.500,00
3				3.500,00-	
4				3.500,00-	
5				3.500,00-	
6				3.500,00-	
7				3.500,00-	
8	2.000,00	500,00	1.500,00	2.000,00-	1.500,00
9	8.000,00	4.000,00	4.000,00	2.000,00	8.000,00
10				2.000,00	
11				2.000,00	
12				2.000,00	
13				2.000,00	
14				2.000,00	

Figura 3.38: Apresentar saldos de clientes, passo 3

4. Os itens individuais são apresentados. (Figura 3.39).

Relatório de partidas individuais de clientes

Seleções   Caso de disputa

Cliente   5000005
Empresa   5402

Nome   Grolsch Brewery
Local   Enschede

	St	Tp.doc.	Data doc.	VencLiquid	Compensaç.	Mont.em MI	MoedI	Nº doc.
	●	DG	10.02.2017	08.02.2017		500,00-	EUR	1600000000
	●	DG	10.08.2017	10.08.2017		500,00-	EUR	1600000002
	●	DR	04.09.2017	04.09.2017		8.000,00	EUR	1800000007
*	●					7.000,00	EUR	
	■	DZ	09.02.2017	09.02.2017	09.02.2017	5.000,00-	EUR	1400000001
	■	DZ	03.09.2017	03.09.2017	04.09.2017	2.000,00-	EUR	1400000003
	■	DR	02.08.2017	01.10.2017	04.09.2017	2.000,00	EUR	1800000006
	■	DZ	03.09.2017	03.09.2017	04.09.2017	2.000,00-	EUR	1400000004
*	■	DR	08.02.2017	09.04.2017	04.09.2017	2.000,00	EUR	1800000001
						5.000,00-	EUR	
** Conta 5000005						2.000,00	EUR	

Figura 3.39: Apresentar saldos de clientes, passo 4

3.4.2 Apresentar itens individuais de clientes

Em vez de navegar para itens individuais a partir da apresentação do saldo do cliente, você pode usar a transação da apresentação de itens individuais.

1. A partir do menu SAP Easy Access, navegue para: CONTABILIDADE • CONTABILIDADE FINANCEIRA • CLIENTES • CONTA • FBL5N - EXI-BIR/MODIFICAR PARTIDAS.

Apresentar itens individuais de clientes

 Em vez de navegar para a tela para apresentar itens individuais de clientes pelo menu, você pode escrever *FBL5N* no campo de comando e pressionar ⌐Enter⌐.

2. Introduza uma conta e código da empresa. Escolha o tipo de itens individuais a serem apresentados. Na Figura 3.40, escolhemos apresentar todos os itens individuais lançados para o cliente 5000005.

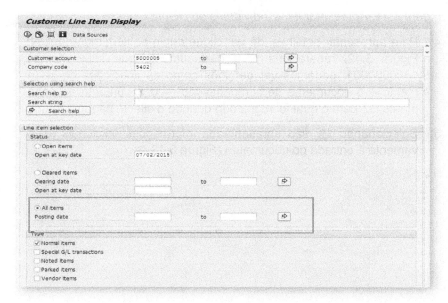

Figura 3.40: Apresentar itens individuais de clientes, passo 2

3. Os itens individuais do cliente são apresentados. (Figura 3.41).

Relatório de partidas individuais de clientes

| | | | | | | | | | Seleções | Caso de disputa |

Cliente   5000005
Empresa   5402

Nome   Grolsch Brewery
Local   Enschede

St	Tp.doc.	Data doc.	VencLiquid	Compensaç.	Mont.em MI	MoedI	Nº doc.
●	DG	10.02.2017	08.02.2017		500,00-	EUR	1600000000
●	DG	10.08.2017	10.08.2017		500,00-	EUR	1600000002
●	DR	04.09.2017	04.09.2017		8.000,00	EUR	1800000007
* ●					7.000,00	EUR	
■	DZ	25.12.2014	25.12.2014	25.12.2014	1.500,00-	EUR	1400000001
■	DG	10.10.2014	10.10.2014	25.12.2014	500,00-	EUR	1600000000
■	DR	16.09.2014	15.11.2014	25.12.2014	2.000,00	EUR	1800000001
■	DZ	25.12.2014	25.12.2014	25.12.2014	4.000,00-	EUR	1400000002
■	DR	01.10.2014	30.11.2014	25.12.2014	4.000,00	EUR	1800000002
■	DR	01.10.2014	30.11.2014	09.02.2017	5.000,00	EUR	1800000003
■	DZ	09.02.2017	09.02.2017	09.02.2017	5.000,00-	EUR	1400000001
■	DZ	03.09.2017	03.09.2017	04.09.2017	2.000,00-	EUR	1400000003
■	DR	02.08.2017	01.10.2017	04.09.2017	2.000,00	EUR	1800000006
■	DZ	03.09.2017	03.09.2017	04.09.2017	2.000,00-	EUR	1400000004
■	DR	08.02.2017	09.04.2017	04.09.2017	2.000,00	EUR	1800000001
* ■					0,00	EUR	
** Conta 5000005					7.000,00	EUR	

Figura 3.41: Apresentar itens individuais de clientes, passo 3

4. Para apresentar detalhes, dê um clique duplo no item individual. Na Figura 3.42, repare que para o documento que selecionamos, 1800000001, podemos ver detalhes como as condições de pagamento e o documento de compensação — o documento de pagamento DZ para o qual foi registrado quando o cliente pagou a fatura.

5. Selecionando ⬚, são apresentadas informações adicionais relativamente à entrada do documento (Figura 3.43).

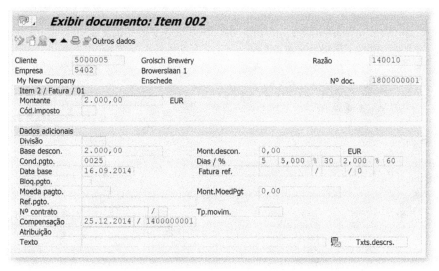

Figura 3.42 Apresentar itens individuais de clientes, passo 4

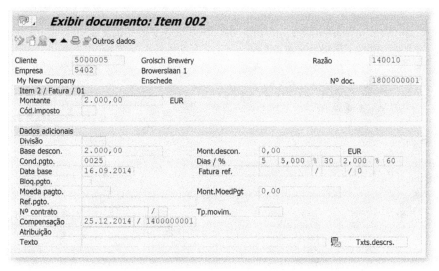

Figura 3.43: Apresentar itens individuais de clientes, passo 5

6. Selecionar o ícone de vista geral do documento ⚖ (Figura 3.43) apresenta a vista de entrada de documento idêntica à vista para a transação FB03 (Figura 3.44).

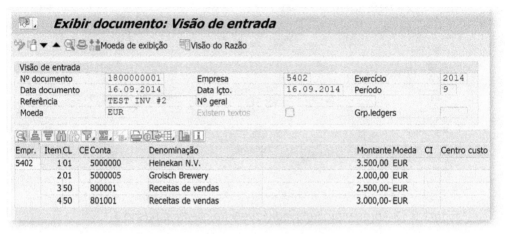

Figura 3.44: Apresentar itens individuais de clientes, passo 6

3.4.3 Acessar o Sistema Informativo de Contas a Receber SAP

Tal como já foi mencionado, muitos relatórios são entregues com o sistema SAP. Nesta seção, vamos demonstrar um dos relatórios e de que modo você pode usar layouts para criar vistas personalizadas. As técnicas podem ser aplicadas a muitos dos relatórios SAP, proporcionando uma grande flexibilidade em obter informação fora do sistema.

Para acessar os vários relatórios, a partir do menu SAP Easy Access, navegue para o Sistema Informativo de Contas a Receber:

CONTABILIDADE • CONTABILIDADE FINANCEIRA • CLIENTES • SISTEMA DE IN-FORMAÇÃO • RELATÓRIOS RELATIVOS À CONTABILIDADE DE CLIENTES

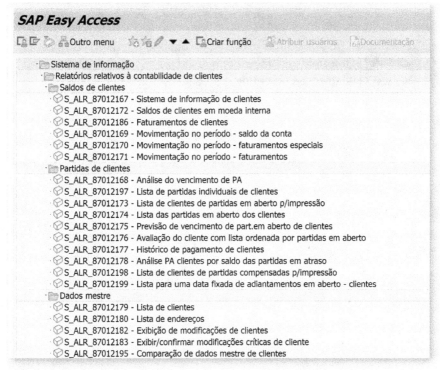

Figura 3.45: Sistema Informativo de Contas a Receber

Relatório de item aberto do cliente

Uma prática de negócio comum é analisar itens abertos com base na sua data de vencimento, categorizando os saldos devedores de faturas de acordo com quantos dias passaram da sua data de vencimento. Vamos dar uma olhada em um relatório de análise de item aberto que resume as contas a receber abertas em categorias de vencimento.

1. Selecione relatório S_ALR_87012173 do menu SAP Easy Access dando um clique duplo.

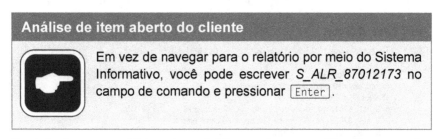

Análise de item aberto do cliente

Em vez de navegar para o relatório por meio do Sistema Informativo, você pode escrever *S_ALR_87012173* no campo de comando e pressionar Enter.

2. Introduza os critérios de seleção e clique em ⊕ para executar (Figura 3.46).

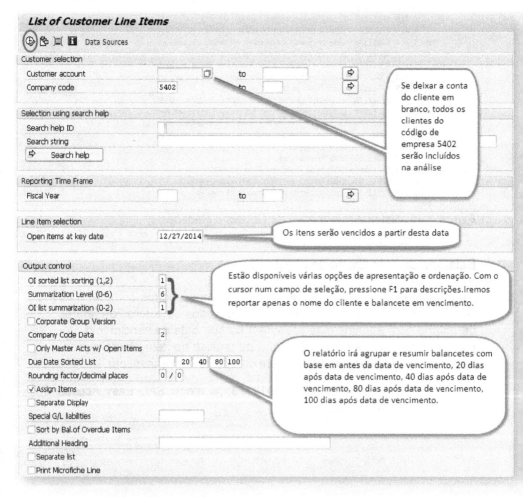

Figura 3.46: Relatório de itens abertos do cliente, passo 2

3. O relatório é devolvido (Figura 3.47):

Customer Open Item Analysis by Balance of Overdue Items

My New Company Amsterdam		Customer Open Item Analysis by Balance of Overdue Items								Time 02:22:04 RFDOPR10/CACCIOTTOLLI Page		Date 12/27/2014 1

Company code 5402 Accounting clerk, Key date 12/27/14 Amounts in EUR

Customer Number	Sorting Field	Coun	OI Total	From To	0 0	From To	1 20	From To	21 40	From To	41 80	From To	81 100	From	101
0005000000 HEINEKEN	NL		17,500			14,000				3,500					
0005000005 GROLSCH	NL		9,000					9,000							

My New Company Amsterdam		Customer Open Item Analysis by Balance of Overdue Items								Time 02:22:04 RFDOPR10/CACCIOTTOLLI Page		Date 12/27/2014 2

Totals Sheet: Company Code 5402 Clerk, Key date 12/27/14 Amounts in EUR

BusAr	Curr- ency	Down Payt	OI Total	Typ	From To	0 0	From To	1 20	From To	21 40	From To	41 80	From To	81 100	From	101
**		0	26,500	Ove			14,000		9,000		3,500					
**	Ann. Sales/Pur.: LC											28,700.00				

Figura 3.47: Relatório de itens abertos do cliente, passo 3

Criar um layout de relatório

Observe que, para muitos dos relatórios entregues, a seção VARIANTES DE SAÍDA contém uma área na qual você pode selecionar e/ou configurar um layout (Figura 3.48).

Variantes de saída			
✓ Lista detalhada	Layout		Configurar
✓ Lis.detalhada clnt.ocasional	Layout		Configurar
✓ Totais de todas as empresas	Layout		Configurar

Figura 3.48: Seleções do layout do relatório

Vamos escolher o relatório S_ALR_87012172 da seção SALDOS DE CLIENTES do Sistema Informativo de Contas a Receber.

Antes de criarmos um layout, vamos executar (⊕) o relatório após introduzir os critérios de seleção apresentados na Figura 3.49.

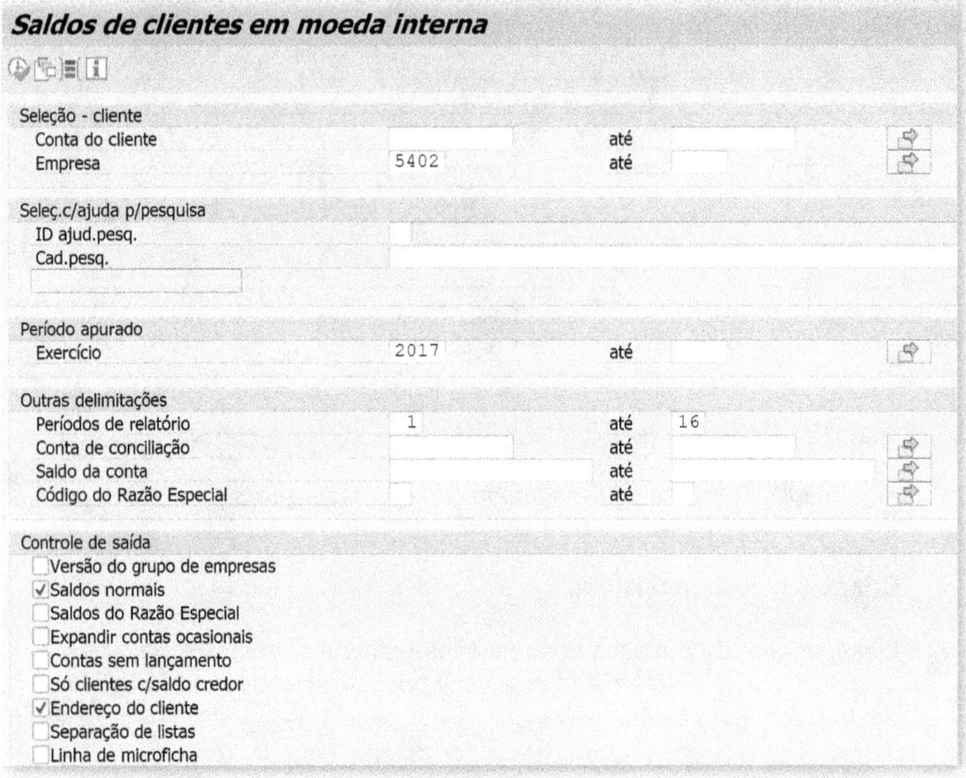

Saldos de clientes em moeda interna

⊕ 🗂 ≣ ⓘ

Seleção - cliente

Conta do cliente		até	
Empresa	5402	até	

Seleç.c/ajuda p/pesquisa

ID ajud.pesq.	
Cad.pesq.	

Período apurado

Exercício	2017	até	

Outras delimitações

Períodos de relatório	1	até	16
Conta de conciliação		até	
Saldo da conta		até	
Código do Razão Especial		até	

Controle de saída

- ☐ Versão do grupo de empresas
- ☑ Saldos normais
- ☐ Saldos do Razão Especial
- ☐ Expandir contas ocasionais
- ☐ Contas sem lançamento
- ☐ Só clientes c/saldo credor
- ☑ Endereço do cliente
- ☐ Separação de listas
- ☐ Linha de microficha

Figura 3.49: Critérios de seleção para relatório de saldos de cliente

Repare na Figura 3.50 que esta vista predefinida não mostra o nome completo do cliente, apenas mostra o termo de procura para o cliente. Além disso, podemos ver vários campos de montantes.

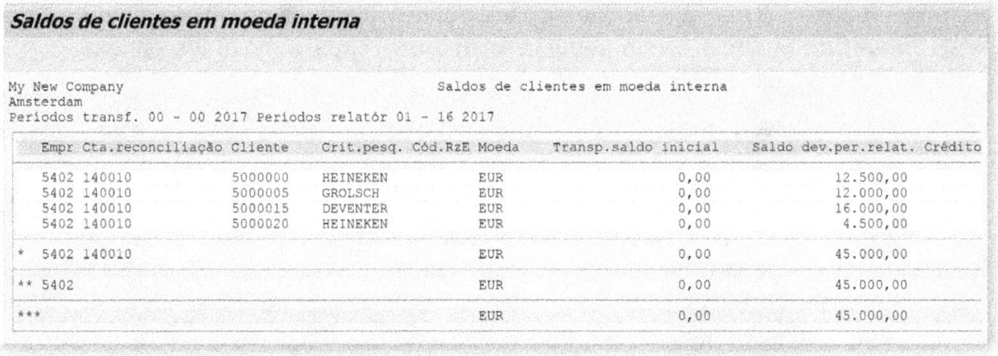

Saldos de clientes em moeda interna

```
My New Company                              Saldos de clientes em moeda interna
Amsterdam
Periodos transf. 00 - 00 2017 Periodos relatór 01 - 16 2017
```

Empr	Cta.reconciliação	Cliente		Crit.pesq. Cód.RzE	Moeda	Transp.saldo inicial	Saldo dev.per.relat. Crédito
5402	140010	5000000	HEINEKEN		EUR	0,00	12.500,00
5402	140010	5000005	GROLSCH		EUR	0,00	12.000,00
5402	140010	5000015	DEVENTER		EUR	0,00	16.000,00
5402	140010	5000020	HEINEKEN		EUR	0,00	4.500,00
* 5402	140010				EUR	0,00	45.000,00
** 5402					EUR	0,00	45.000,00
***					EUR	0,00	45.000,00

Figura 3.50: Vista predefinida do relatório do saldo do cliente

Vamos criar um layout que vai mostrar o nome do cliente e apenas o saldo acumulado.

1. Selecione [Configurar] na seção VARIANTES DE SAÍDA da tela de seleção (Figura 3.51).

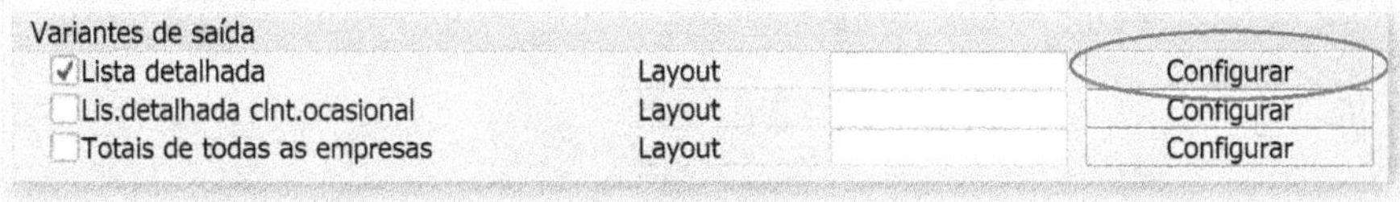

Variantes de saída
- ✓ Lista detalhada   Layout _____ Configurar
- ☐ Lis.detalhada clnt.ocasional   Layout _____ Configurar
- ☐ Totais de todas as empresas   Layout _____ Configurar

Figura 3.51: Configurar o layout do relatório, passo 1

2. A partir da apresentação do layout, escolha ⊞ para mudar o layout (Figura 3.52).

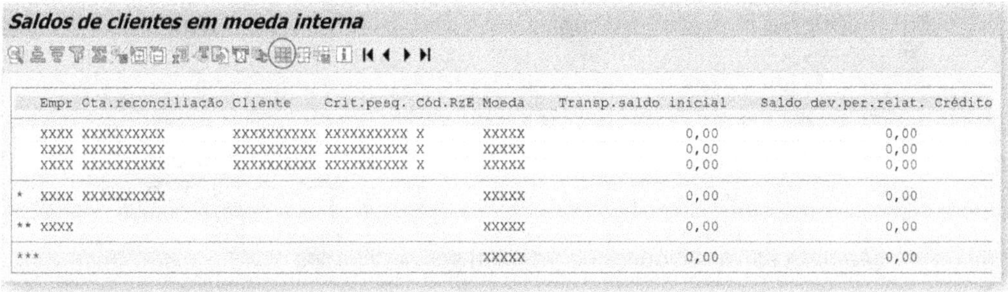

Saldos de clientes em moeda interna

🔍 ≋ 🔻 🔻 Σ ⟋ 🗔 🗔 🔳 🔳 🗔 🔻 🔳 🔳 🔳 ⓘ ◄◄ ◄ ► ►◄

Empr	Cta.reconciliação	Cliente	Crit.pesq. Cód.RzE	Moeda	Transp.saldo inicial	Saldo dev.per.relat. Crédito
XXXX	XXXXXXXXXX	XXXXXXXXXX XXXXXXXXXX X		XXXXX	0,00	0,00
XXXX	XXXXXXXXXX	XXXXXXXXXX XXXXXXXXXX X		XXXXX	0,00	0,00
XXXX	XXXXXXXXXX	XXXXXXXXXX XXXXXXXXXX X		XXXXX	0,00	0,00
* XXXX	XXXXXXXXXX			XXXXX	0,00	0,00
** XXXX				XXXXX	0,00	0,00
***				XXXXX	0,00	0,00

Figura 3.52: Configurar o layout do relatório, passo 2

129

3. A partir do painel à esquerda, selecione os campos que quer remover do relatório e, em seguida, clique em ▶ para movê-los para o painel à direita (Figura 3.53).

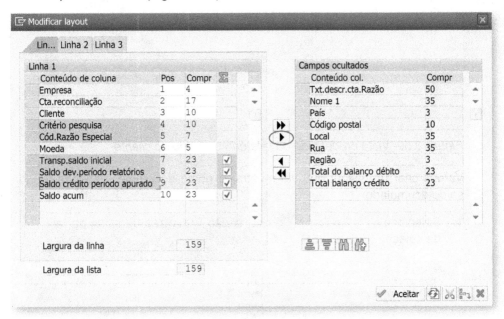

Figura 3.53: Configurar o layout do relatório, passo 3

4. Selecione o campo NOME 1 no painel à direita. Em seguida, escolha a posição no painel à esquerda na qual este campo deve aparecer. Escolha ◀ para mover o campo de um lado para outro (Figura 3.54).

5. Selecione o botão de copiar ✔ Aceitar e repare no novo layout (Figura 3.55).

6. Selecione ⊞ para salvar o layout (Figura 3.56).

7. Dê um nome e descrição ao layout e, em seguida, clique em ✔ Gravar (Figura 3.57). Se for selecionado ESPECÍFICO USUÁRIO, somente você poderá usar o layout. Você pode ter que obter autorização para salvar layouts que possam ser partilhados.

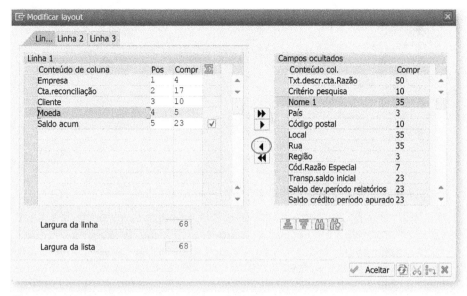

Figura 3.54: Configurar o layout do relatório, passo 4

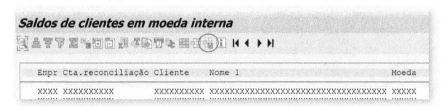

Figura 3.55: Configurar o layout do relatório, passo 5

Saldos de clientes em moeda interna

Empr Cta.reconciliação Cliente	Nome 1		Moeda
XXXX XXXXXXXXXX	XXXXXXXXXX XXXXXXXXXXXXXXXXXXXXXXXXXXXXXXXXXXXXXXXX XXXXX

Figura 3.56: Configurar o layout do relatório, passo 6

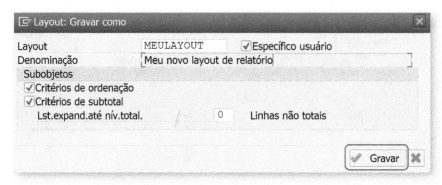

Figura 3.57: Configurar o layout do relatório, passo 7

8. Escolha 🌐 na barra de ferramentas na parte superior da tela para voltar à tela de seleção do relatório. Agora, na seção VARIANTES DE SAÍDA, selecione o ícone do menu 🗂, à direita do campo LAYOUT, (ou use F4) para apresentar uma lista de layouts disponíveis (Figura 3.58).

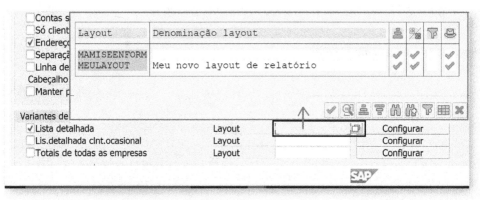

Figura 3.58: Configurar o layout do relatório, passo 8

9. Dê um clique duplo em *MEULAYAOUT* para que essa opção apareça no campo de seleção LAYOUT e, em seguida, clique em 🚯 para executar o relatório (Figura 3.59).

Variantes de saída			
✓ Lista detalhada	Layout	MEULAYOUT	Configurar
☐ Lis.detalhada clnt.ocasional	Layout		Configurar
☐ Totais de todas as empresas	Layout		Configurar

Figura 3.59: Configurar o layout do relatório, passo 9

10. Repare no novo layout apresentado (Figura 3.60).

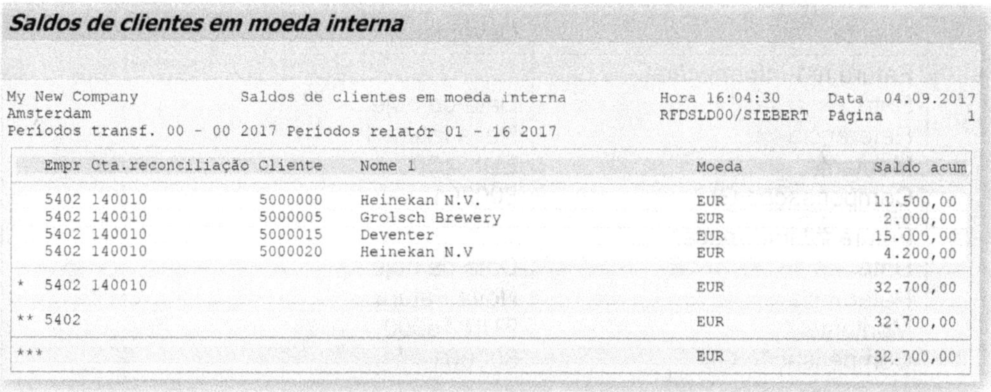

Saldos de clientes em moeda interna

```
My New Company              Saldos de clientes em moeda interna        Hora 16:04:30     Data 04.09.2017
Amsterdam                                                              RFDSLD00/SIEBERT  Página        1
Períodos transf. 00 - 00 2017 Períodos relatór 01 - 16 2017

  Empr Cta.reconciliação Cliente   Nome 1                              Moeda              Saldo acum

  5402 140010            5000000   Heinekan N.V.                       EUR                 11.500,00
  5402 140010            5000005   Grolsch Brewery                     EUR                  2.000,00
  5402 140010            5000015   Deventer                            EUR                 15.000,00
  5402 140010            5000020   Heinekan N.V                        EUR                  4.200,00

* 5402 140010                                                          EUR                 32.700,00

** 5402                                                                EUR                 32.700,00

***                                                                    EUR                 32.700,00
```

Figura 3.60: Configurar o layout do relatório, passo 10

Layouts de relatórios

Sempre que o ícone para mudar layout ▦ estiver disponível, você pode mudar o layout de um relatório e salvá-lo para uso futuro. Isto aplica-se a todos os relatórios SAP.

3.5 Exercícios

3.5.1 Crie um cliente

Grupo de contas	0004 – Clientes especiais
Informação ao cliente	Deventer Zutphenseweg 51 7418 AH Deventer Países Baixos
Conta de reconciliação	140010

3.5.2   Lance duas faturas de cliente

Cliente	Deventer
Fatura nº1 informação Data Referência Montante Compensação GL	 Data de hoje Nova fatura 1 EUR 1000 800001
Fatura #2 informação Data Referência Montante Compensação GL	 Data de hoje Nova Fatura 2 EUR 15000 800001

3.5.3   Lance um recibo de pagamento para uma das faturas de cliente criadas

Data do documento	Data de hoje
Tipo de documento	DZ
Moeda	EUR
Conta bancária	110000
Montante de pagamento	EUR 1000

3.5.4   Apresente itens abertos com relatórios padrão/códigos de transação

4 Introdução ao SAP Contas a Pagar

Este capítulo aborda a configuração e dados mestres exigidos para gerir contas a pagar. Vamos também apresentar-lhe alguns dos códigos de transação para gerir lançamentos para contas de fornecedor e fazer pagamentos a fornecedores. O capítulo também aborda alguns dos relatórios disponíveis para contas a pagar.

4.1 O que são Contas a Pagar SAP (AR)?

A maioria das empresas de negócios fazem muitas compras de bens e serviços diariamente, a partir de muitos fornecedores. Os pagamentos aos fornecedores raramente são feitos no momento de compra. Com base em acordos com os fornecedores, os pagamentos podem ser feitos algum tempo depois da compra; por exemplo, em 30 dias. Além disso, o montante de pagamento também pode variar: por exemplo, as condições de pagamento podem afirmar que se a empresa pagar ao fornecedor em 10 dias, eles podem deduzir 1% de desconto.

O módulo de Contas a Pagar SAP permite a uma empresa registrar as despesas quando ocorrem, monitorar e apropriar os passivos resultantes das despesas e facilita a capacidade da empresa em aproveitar alguns descontos oferecidos pelos fornecedores.

Uma transação contabilística SAP que envolve uma compra a pagar mais tarde é registrada como um débito para uma conta de despesas e um crédito para uma conta de contas a pagar. Tal como acontecia com as Contas a Receber SAP abordadas no capítulo anterior, as Contas a Pagar SAP representam um *subledger* que contém todos os detalhes específicos sobre as contas a pagar. Por meio das funcionalidades de integração do SAP, o ledger subsidiário vai sempre concordar com o total no ledger geral.

4.2 Dados mestres do fornecedor

Criar registros dos dados mestres dos fornecedores

Na nossa introdução às Contas a Pagar SAP, mencionamos que uma quantidade significativa de detalhes pode ser mantida para os registros principais do fornecedor. Por exemplo, além da informação do endereço, o nosso registro principal de fornecedores pode incluir informação sobre a conta bancária do fornecedor, números de taxas e condições de pagamento. Se o seu ambiente estiver integrado com o módulo de Gestão de Materiais da SAP, pode haver muitas telas necessárias que estão relacionadas com o processamento de ordens de compra e faturas. Certifique-se de colaborar com membros da organização de aquisição. Nos registros principais que criamos aqui, vamos focar apenas naqueles itens que são necessários para lançar documentos de contas a pagar, tais como faturas de fornecedores e pagamentos de cheques. Vamos criar um registro principal de fornecedor no nosso código de empresa exemplificativo.

1. A partir do menu SAP Easy Access, navegue para: CONTABILIDADE • CONTABILIDADE FINANCEIRA • FORNECEDORES • DADOS MESTRE • FK01 - CRIAR

Criar registros principais de fornecedores

 Em vez de navegar pelo menu, você pode escrever *FK01* no campo de comando e pressionar ⌐Enter⌐ para acessar FORNECEDORES CRIAR ENDEREÇO.

---

2. Em FORNECEDORES CRIAR ENDEREÇO, temos a opção de criar uma conta com referência a outras contas. No entanto, no nosso caso, vamos criar um novo registro de fornecedor a partir do esboço. Introduza um código de empresa, use a lista de menu para selecionar o grupo FORNECEDORES e, em seguida, selecione ENTER 🗸 (Figura 4.1).

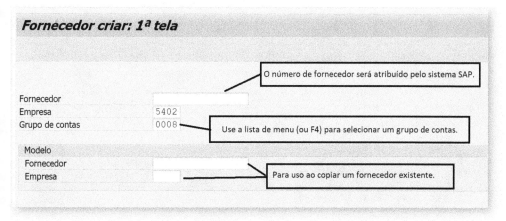

Figura 4.1: Criar um registro principal de fornecedor, passo 2

3. Introduza a informação do nome e do endereço do fornecedor e, em seguida, escolha 🗐 (Figura 4.2) para avançar pelas telas até aparecer a tela ADMINISTRAÇÃO DE CONTA.

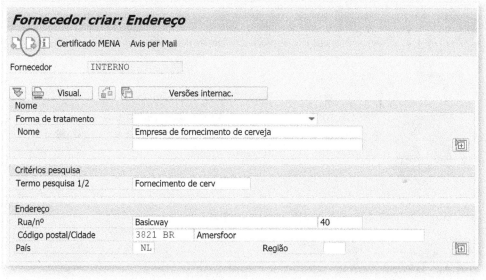

Figura 4.2: Criar um registro principal de fornecedor, passo 3

4. Introduza uma conta de reconciliação e, em seguida, avance pelas telas novamente até aparecer a tela DADOS DE PAGAMENTO (Figura 4.3). Introduza C para verificar o pagamento (ou qualquer outro método de pagamento desejado) e clique em 🗐 para salvar as entradas.

Figura 4.3: Criar um registro principal de fornecedor, passo 4

5. O sistema SAP emite uma mensagem afirmando que o registro do fornecedor foi criado.

> ✅ O fornecedor 0006400015 foi criado na empresa 5402.

Figura 4.4: Criar um registro principal de fornecedor, passo 5

Apresentar ou alterar registros principais de fornecedor

👉 Para apresentar um registro principal de fornecedor, use a transação FK03. Para mudar um registro principal de fornecedor, use a transação FK02.

O novo fornecedor está agora disponível para lançar.

4.3 Transações de Contas a Pagar SAP (AP)

Existem muitas maneiras para introduzir as transações AP no sistema SAP. Em muitas instâncias, as faturas são processadas por meio do módulo de Gestão de Materiais (MM) e, na realidade, envolvem uma série de documentos, incluindo uma ordem de compra, um documento de entrada de mercadoria (GR) e um documento de recepção de fatura (IR). A configuração e funcionalidade de MM está fora do âmbito deste livro e, por isso, vamos focar em faturas de fornecedores sem uma ordem de compra que são introduzidas diretamente no sistema SAP.

4.3.1 FB60/F-43: Lançar uma fatura de fornecedor

Uma vez criado o registro principal de fornecedores, podemos usar as transações SAP para lançar faturas para a conta do fornecedor.

Lembre-se da contabilidade de entrada dupla discutida na Seção 1.2, em que cada documento contabilístico continha débitos e créditos iguais e de compensação. Quando registramos uma fatura de fornecedor, criamos uma entrada de débito (normalmente) para uma conta de lucros e perdas e uma entrada de crédito para a conta do fornecedor. O sistema SAP fornece duas transações para lançar faturas para contas de fornecedores: FB60 e F-43.

Ambas as transações requerem a introdução da conta de fornecedores da(s) conta(s) de compensação de lucros e perdas, e ambas as transações produzem o mesmo resultado nos registros contabilísticos, no entanto, as telas de entrada são diferentes. O layout de tela de FB60 é adequado para lançar para um fornecedor. F-43 pode ser usado para lançar uma fatura a múltiplos fornecedores ou para lançar entradas a mais do que um código de empresa. Além disso, a taxa de câmbio para faturas em moedas estrangeiras pode ser introduzida manualmente com F-43.

Vamos lançar uma fatura usando cada uma das transações.

Transação FB60: Fatura

Neste exemplo, vamos lançar uma fatura de fornecedor para um fornecedor com um único item individual, lançada para uma conta de lucros e perdas para compensar a conta a pagar.

1. A partir do menu SAP Easy Access, navegue para: CONTABILIDADE • CONTABILIDADE FINANCEIRA • FORNECEDORES • LANÇAMENTO • FB60 - FATURA.

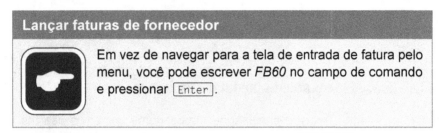

Lançar faturas de fornecedor

Em vez de navegar para a tela de entrada de fatura pelo menu, você pode escrever *FB60* no campo de comando e pressionar [Enter].

2. A partir da barra de ferramentas, selecione ⬜Empresa, introduza o código de empresa para lançar, e, em seguida, clique em ✅ para continuar (Figura 4.5).

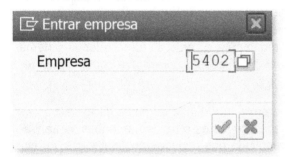

🖙 Entrar empresa

Empresa   5402

Figura 4.5: Lançar uma fatura de fornecedor, FB60, passo 2

3. Introduza detalhes para o documento, conforme apresentado na Figura 4.6. Pressione [Enter] para navegar passando por qualquer mensagem de aviso relacionada com os períodos de lançamento, por exemplo: ⚠ Period 01 adjusted in line with posting date 10/10/2014

Os campos em que foi introduzida informação estão destacados. Além disso, para introduzir um montante de fatura, repare que a conta G/L que compensa a fatura tem que estar introduzida na seção do item abaixo. Nós não especificamos nenhuma condição no nosso arquivo principal de fornecedor e, por conseguinte, a fatura tem vencimento imediato. Se desejar, a data base e o código das condições de pagamento são introduzidos no separador PAGAMENTO. Vamos presumir que a fatura vence imediatamente e que não foi introduzida nenhuma condição. Clique em 💾 para salvar as entradas.

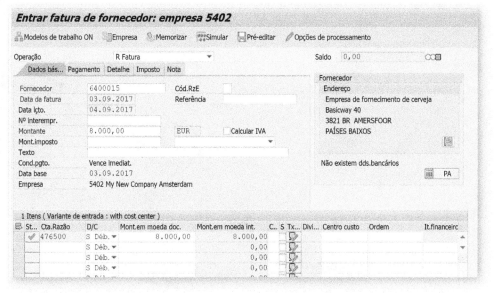

Figura 4.6: Lançar uma fatura de fornecedor, FB60, passo 3

Conta G/L para compensar

 Certifique-se de escolher uma conta G/L de compensação que não exija uma categoria de taxa, uma vez que não configuramos taxas no nosso ambiente exemplificativo. Use a transação *FS00* para apresentar a conta e selecione o separador DADOS DE CONTROLE e certifique-se de que o campo da categoria de taxas esteja vazio.

4. Se desejar, use a transação FB03 (conforme descrito na Seção 2.3.6) para apresentar o documento (Figura 4.7).

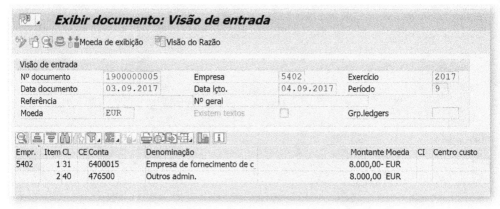

Figura 4.7: Lançar uma fatura de fornecedor, FB60, passo 4

Transação F-43 – Fatura – Geral

Neste exemplo, vamos lançar um documento de contas a pagar que será dividido entre dois fornecedores diferentes e tem também múltiplas contas de lucros e perdas de compensação.

1. A partir do menu SAP Easy Access, navegue para: CONTABILIDADE • CONTABILIDADE FINANCEIRA • FORNECEDORES • LANÇAMENTO • F-43 - FATURA - GERAL.

Lançar faturas de fornecedor

 Em vez de navegar para a tela de entrada de fatura pelo menu, você pode escrever *F-43* no campo de comando e pressionar [Enter].

2. Introduza detalhes para o documento, conforme apresentado em Figura 4.8, e pressione ⌐Enter⌐. Os campos em que foi introduzida informação para o nosso exemplo estão destacados. Pressione ⌐Enter⌐ para navegar passando por qualquer mensagem de aviso relacionada com os períodos de lançamento, condições de pagamento ou datas vencidas.

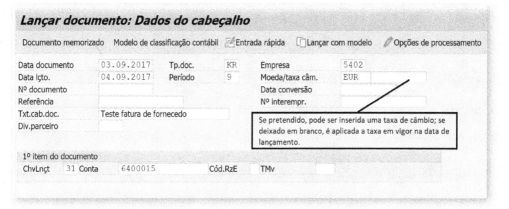

Figura 4.8: Lançar uma fatura de fornecedor, F-43, passo 2

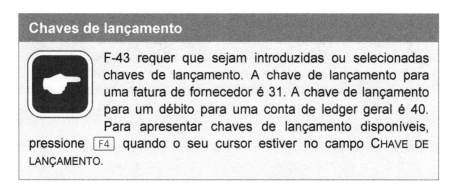

Chaves de lançamento

F-43 requer que sejam introduzidas ou selecionadas chaves de lançamento. A chave de lançamento para uma fatura de fornecedor é 31. A chave de lançamento para um débito para uma conta de ledger geral é 40. Para apresentar chaves de lançamento disponíveis, pressione ⌐F4⌐ quando o seu cursor estiver no campo CHAVE DE LANÇAMENTO.

3. Na tela seguinte, introduzimos o montante da fatura e as condições de pagamento. (Figura 4.9). Na parte inferior da tela, introduzimos o segundo fornecedor a incluir no documento da fatura.

criar Fatura fornecedor: Inserir Item fornecedor

🔲 🔲 🔲 🔲 🔲 Dados adicionais   Modelo de classificação contábil 🔲 Entrada rápida   [i] Impostos

Fornecedor	6400015	Empresa de fornecimento de cerveja	Razão	161000
Empresa	5402	Basicway 40		
My New Company		Amersfoor		

Item 1 / Fatura / 31

Montante   8500   EUR

Imposto

☐ Calcular IVA   Cód.imposto   **

> Os termos de pagamento foram preenchidos pelo arquivo principal do fornecedor, mas podem ser substituídos se o desejar.

Divisão
Cond.pgto.   0002   Dias / %   /   /
Data base   03.09.2017   Fixado
Base descon.   Mont.descon.
                                     Fat.relacion   /   /
Bloq.pgto.   FrmPgto
Moeda pagto.   Mont.MoedPgt
Atribuição
Texto   📝 TxtsDesc.

Item seguinte do documento
ChvLnçt   31 Conta   6400015   Cód.RzE   TMv   Nova empr.

Figura 4.9: Lançar uma fatura de fornecedor, F-43, passo 3

4. Na tela seguinte, introduzimos os detalhes para o segundo fornecedor (Figura 4.10). Na parte inferior da tela, podemos introduzir um cliente ou podemos introduzir a chave de lançamento 40 e começar a entrada da(s) conta(s) de lucros e perdas de compensação. Também podemos aproveitar opção ENTRADA RÁPIDA na parte superior da tela. Em vez de introduzir o próximo item individual, clique em 🔲 Entrada rápida.

5. Introduza os detalhes do item individual para as contas de lucros e perdas de compensação e clique em 💾 para lançar a entrada (Figura 4.11).

6. Se desejar, use a transação FB03 (conforme descrito na Seção 2.3.6) para apresentar o documento (Figura 4.12).

criar Fatura fornecedor: Inserir Item fornecedor

🔲🔲🔲🔲 Dados adicionais   Modelo de classificação contábil ✏️Entrada rápida   ⓘImpostos

Fornecedor	6400015	Empresa de fornecimento de cerveja	Razão	161000
Empresa	5402	Basicway 40		
My New Company		Amersfoor		

Item 2 / Fatura / 31

Montante	6500		EUR

Cód.imposto ★★

Divisão				
Cond.pgto.	0002	Dias / %	/	/
Data base	03.09.2017	Fixado		
Base descon.		Mont.descon.		
		Fat.relacion	/	/
Bloq.pgto.		FrmPgto		
Moeda pagto.		Mont.MoedPgt		
Atribuição				
Texto				👉 TxtsDesc.

Item seguinte do documento

ChvLnçt	Conta		Cód.RzE	TMv		Nova empr.	

Figura 4.10: Lançar uma fatura de fornecedor, F-43, passo 4

✅ [   ] ▼ « 💾🔲🔲🔲 🔲🔲🔲 🔲🔲🔲🔲 🔲🔲 ⓘ🖥️

criar Fatura fornecedor: Inserir Itens contas Razão

🔲🔲 Modelo de classificação contábil ✏️Entrada rápida   ⓘImpostos

Empresa	5402 My New Company

Itens contas Razão

CL	Conta	Montante	EUR	Im	D...	Cen.custo	Ordem	Emp.
40	476500	7500						
40	476300	7500						

Figura 4.11: Lançar uma fatura de fornecedor, F-43, passo 5

Figura 4.12: Lançar uma fatura de fornecedor, F-43, passo 6

4.3.2   FB65/F-41: Lançar uma nota de crédito

Quando registramos uma nota de crédito de fornecedor recebida pelo nosso fornecedor, criamos uma entrada de débito para a conta de fornecedores e uma entrada de crédito (normalmente) para uma conta de lucros e perdas. De maneira similar à situação para lançar faturas de fornecedor, o sistema SAP fornece duas transações para lançar notas de crédito para contas de fornecedores: FB65 e F-41.

Transação FB65: Nota de crédito

1. A partir do menu SAP Easy Access, navegue para: CONTABILIDADE • CONTABILIDADE FINANCEIRA • FORNECEDORES • LANÇAMENTO • FB65 - NOTA DE CRÉDITO.

Lançar notas de crédito de fornecedor
Em vez de navegar para a tela de nota de crédito pelo menu, você pode escrever *FB65* no campo de comando e pressionar [Enter].

146

2. Introduza detalhes para o documento, conforme apresentado na Figura 4.13, e, em seguida, clique em 🖫. Pressione Enter para navegar passando por qualquer mensagem de aviso relacionada com os períodos de lançamento, condições de pagamento ou datas vencidas. Os campos em que foi introduzida informação para o nosso exemplo estão destacados.

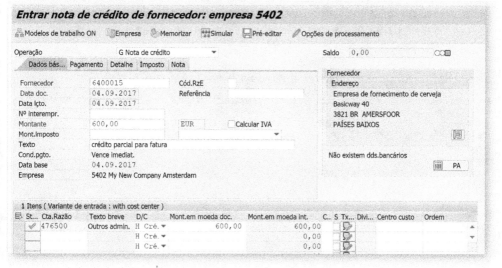

Figura 4.13: Lançar uma nota de crédito de fornecedor, FB65, passo 2

3. Se desejar, use a transação FB03 (conforme descrito na Seção 2.3.6) para apresentar o documento (Figura 4.14).

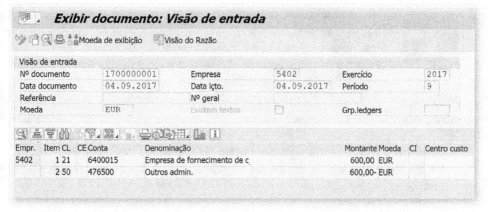

Figura 4.14: Lançar uma nota de crédito de fornecedor, FB65, passo 3

Transação F-41: Nota de Crédito – Geral

1. A partir do menu SAP Easy Access, navegue para: Contabilidade • Contabilidade financeira • Fornecedores • Lançamento • F-41 - Nota de crédito - geral.

2. Introduza os detalhes para o documento, conforme apresentado na Figura 4.15, e, em seguida, clique em 📀. Pressione [Enter] para navegar passando por qualquer mensagem de aviso relacionada com os períodos de lançamento, condições de pagamento ou datas vencidas.

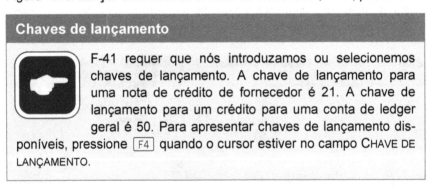

Figura 4.15: Lançar uma nota de crédito de fornecedor, F-41, passo 2

Chaves de lançamento

F-41 requer que nós introduzamos ou selecionemos chaves de lançamento. A chave de lançamento para uma nota de crédito de fornecedor é 21. A chave de lançamento para um crédito para uma conta de ledger geral é 50. Para apresentar chaves de lançamento disponíveis, pressione [F4] quando o cursor estiver no campo Chave de Lançamento.

3. Introduza o montante da nota de crédito (Figura 4.16). Na parte inferior da tela, introduza a chave de lançamento e a conta do ledger geral de compensação para a nota de crédito. Pressione [Enter] para navegar passando por qualquer mensagem de aviso relacionada com os períodos de lançamento, condições de pagamento ou datas vencidas.

criar Nota crédito fornec.: Inserir Item fornecedor

Dados adicionais   Modelo de classificação contábil   Entrada rápida   Impostos

Fornecedor	6400015	Empresa de fornecimento de cerveja	Razão	161000
Empresa	5402	Basicway 40		
My New Company		Amersfoor		

Item 1 / Crédito / 21

Montante	400		EUR	
Imposto				
	Calcular IVA		Cód.imposto	**
Divisão				
Cond.pgto.			Dias / %	/ /
Data base	03.09.2017		Fixado	
Base descon.			Mont.descon.	
			Fat.relacion	/ /
Bloq.pgto.			FrmPgto	
Atribuição				
Texto				TxtsDesc.

Item seguinte do documento

ChvLnçt	50	Conta	476500	Cód.RzE	TMv	Nova empr.	

Figura 4.16: Lançar uma nota de crédito de fornecedor, F-41, passo 3

4. Introduza o montante para a compensação do ledger geral e clique em 🖫 para lançar a nota de crédito (Figura 4.17).

Documento   Processar   Ir para   Suplementos   Configurações   Ambiente(U)   Sistema   Ajuda

criar Nota crédito fornec.: Inserir Item cta.do Razão

Dados adicionais   Modelo de classificação contábil   Entrada rápida   Impostos

Conta do Razão	476500	Outros administrativos
Empresa	5402	My New Company

Item 2 / Lançament.em crédito / 50

Montante	400	EUR	
		Sem desconto	
Centro custo		Ordem	
Elemento PEP		Obj.resultado	
DiagRede			
Área funcional		Ordem cliente	
Região especial			Mais
Atribuição			
Texto			TxtsDesc.

Figura 4.17: Lançar uma nota de crédito de fornecedor, F-41, passo 4

149

5. Use a transação FB03 (conforme descrito na Seção 2.3.6) para apresentar o documento, se desejar (Figura 4.18):

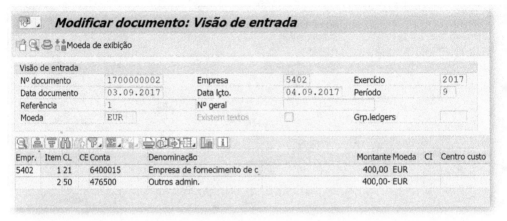

Figura 4.18: Lançar uma nota de crédito de fornecedor, F-41, passo 5

4.3.3 FV60/F-63/FV65/F-66: Colocar documentos de fornecedor em espera

Semelhante à situação de colocar documentos do ledger geral em espera, descrita com detalhes na Seção 2.3.3, os documentos de fornecedor podem ser introduzidos e colocados em espera para um lançamento posterior. Tal como tivemos várias opções para lançar faturas e notas de crédito de fornecedores, temos várias opções para colocar documentos de contas a pagar em espera. Após um documento ser posto em espera, ele pode ser lançado com a mesma transação FBV0 demonstrada para documentos do ledger geral em espera e ilustrada da Figura 2.37 até a Figura 2.41.

Vamos explorar a transação FV60, colocar em espera ou Editar fatura, nos passos abaixo.

1. A partir do menu SAP Easy Access, navegue para: CONTABILIDADE • CONTABILIDADE FINANCEIRA • FORNECEDORES • LANÇAMENTO • PRÉ-REGISTRO • FV60 - PRÉ-EDITAR OU PROCESSAR FATURA

Colocar faturas de fornecedores em espera ou editar

 Em vez de navegar para a tela para pré-editar faturas do fornecedor em espera pelo menu, você pode escrever *FV60* no campo de comando e, em seguida, pressionar ⌷Enter⌷.

2. Introduza detalhes para o documento e, em seguida, escolha 🔲Gravar por completo (Figura 4.19).

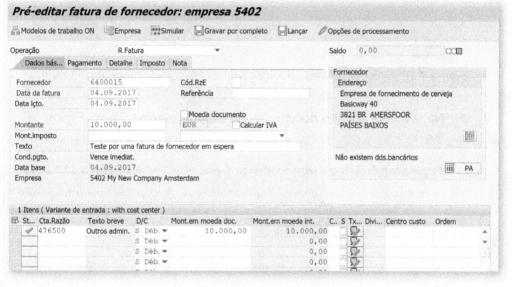

Figura 4.19: Colocar uma fatura de fornecedor em espera ou editar, FV60, passo 2

3. Para lançar a fatura, siga os passos conforme descrito na Seção 2.3.3 FV50/FV50L: Documentos em espera. Use a transação FBV0 e introduza o número do documento e pressione ⌷Enter⌷ ou use a função da lista de documentos para localizar o documento (Figura 4.20).

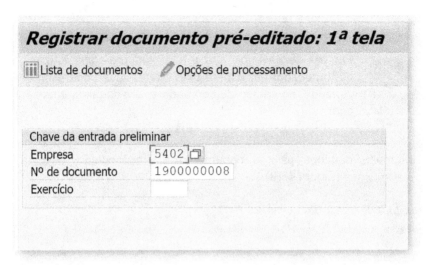

Figura 4.20: Colocar faturas de fornecedores em espera ou editar, FV60, passo 3

4. Na tela para editar o documento em espera, escolha ⊟Lançar (Figura 4.21).

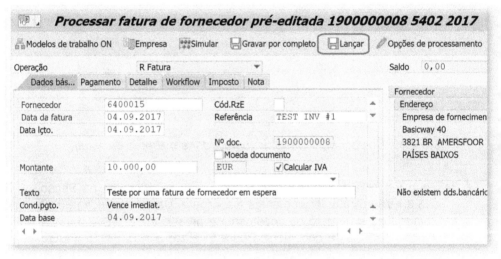

Figura 4.21: Colocar faturas de fornecedores em espera ou editar, FV60, passo 4

5. Use a transação FB03 (conforme descrito na Seção 2.3.6) para apresentar o documento, se desejar (Figura 4.22).

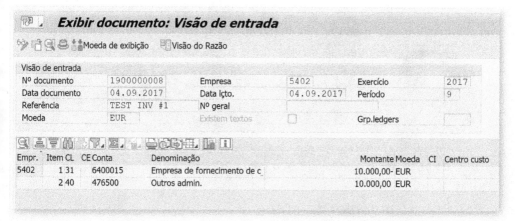

Figura 4.22: Colocar uma fatura de fornecedor em espera ou editar, FV60, passo 5

4.3.4 F110: Executar uma operação de pagamento

Uma operação de pagamento SAP pode criar pagamentos para vários códigos de empresa, fornecedores e faturas dependendo dos requisitos do negócio. Criar uma operação de pagamento envolve vários passos:

1. Especificar o código de empresa, fornecedores e faturas por pagar. As faturas com data de vencimento inferior ou igual à operação de pagamento serão processadas para pagamento.

2. Rever a proposta de pagamento para validar as faturas que serão coletadas para processar pagamentos por cheque ou outro método de pagamento qualquer processado e fazer os necessários ajustes.

3. Processar a operação de pagamento.

4. Imprimir cheques ou transmitir informação de pagamento para os bancos para envios eletrônicos.

Em uma operação de pagamento exemplificativa, vamos realizar todos os passos, exceto a impressão dos cheques ou a transmissão de informação de pagamento.

1. A partir do menu SAP Easy Access, navegue para: CONTABILIDADE • CONTABILIDADE FINANCEIRA • FORNECEDORES • TRABALHOS PERIÓDICOS • F110 - PAGAR.

Criar operações de pagamento

 Em vez de navegar para a tela de transação de pagamento automático pelo menu, você pode escrever *F110* no campo de comando e pressionar Enter.

2. Introduza uma data de operação e um identificador para a operação de pagamento e escolha o separador PARÂMETRO (Figura 4.23).

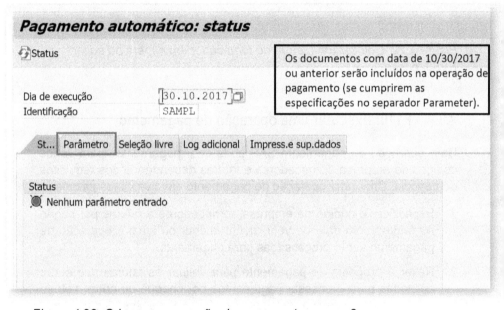

Pagamento automático: status

Status

Dia de execução   30.10.2017
Identificação   SAMPL

> Os documentos com data de 10/30/2017 ou anterior serão incluídos na operação de pagamento (se cumprirem as especificações no separador Parameter).

| St... | Parâmetro | Seleção livre | Log adicional | Impress.e sup.dados |

Status
Nenhum parâmetro entrado

Figura 4.23: Criar uma operação de pagamento, passo 2

3. Introduza os parâmetros para criar a operação de pagamento e, em seguida, escolha o separador LOG ADICIONAL (Figura 4.24).

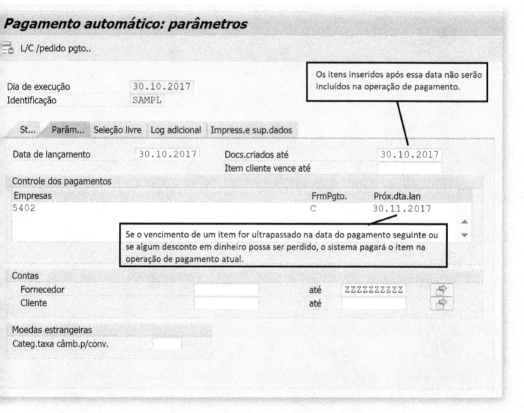

Figura 4.24: Criar uma operação de pagamento, passo 3

4. No separador LOG ADICIONAL (Figura 4.25), introduza os critérios desejados para um log adicional a ser gerado e clique em 🖫. Os logs adicionais podem ser úteis se houver erros quando é gerada a operação de pagamento.

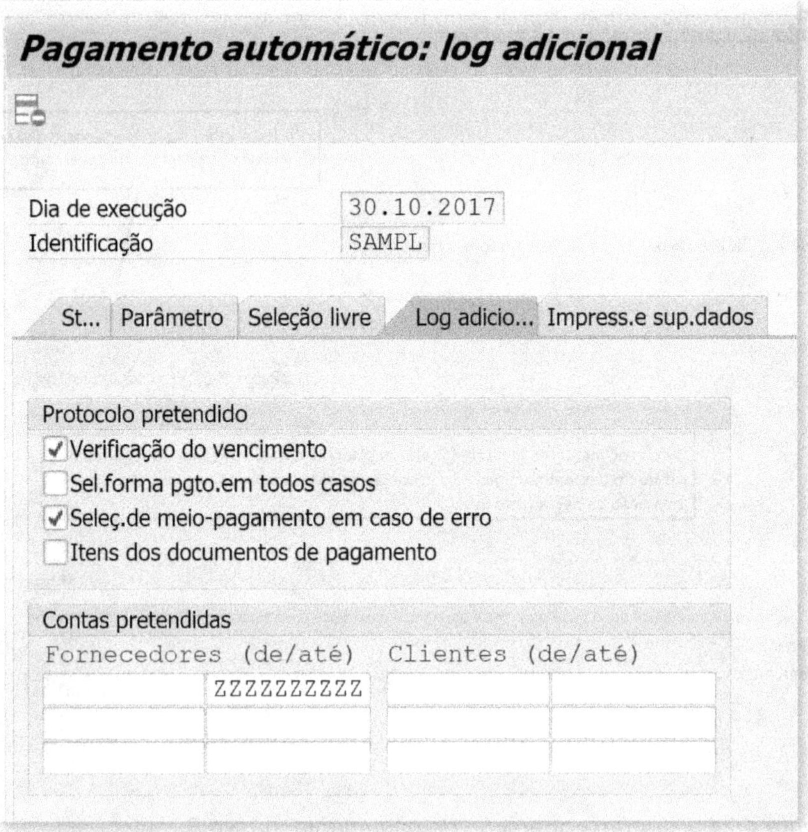

Pagamento automático: log adicional

Dia de execução   `30.10.2017`
Identificação   `SAMPL`

| St... | Parâmetro | Seleção livre | Log adicio... | Impress.e sup.dados |

Protocolo pretendido
- ☑ Verificação do vencimento
- ☐ Sel.forma pgto.em todos casos
- ☑ Seleç.de meio-pagamento em caso de erro
- ☐ Itens dos documentos de pagamento

Contas pretendidas

Fornecedores (de/até)		Clientes (de/até)	
	ZZZZZZZZZZ		

Figura 4.25: Criar uma operação de pagamento, passo 4

5. Quando aparecer a mensagem ☑ Details have been saved for the run on 10/31/14 SAMPL, clique em ↩, na barra de ferramentas na parte superior da tela, para regressar à tela inicial.

6. Na Figura 4.26, repare na mudança de estado: os parâmetros foram introduzidos. Selecione o ícone PROPOSTA. Pressione Enter para navegar passando por qualquer mensagem de aviso relativamente à operação de pagamento que ocorreu no passado.

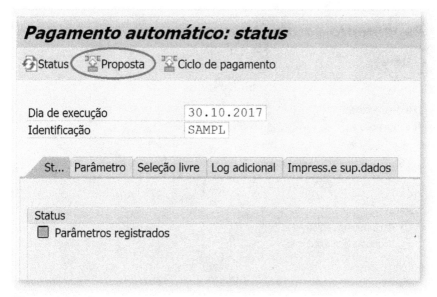

Figura 4.26: Criar uma operação de pagamento, passo 6

7. Introduza uma data inicial ou, como no nosso exemplo, escolha iniciar a proposta imediatamente (Figura 4.27). Clique em ✅ para continuar.

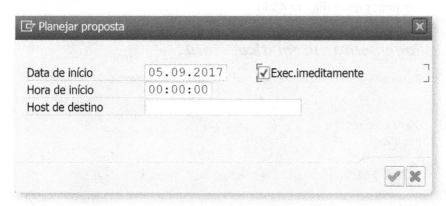

Figura 4.27: Criar uma operação de pagamento, passo 7

8. Na Figura 4.28, repare que o estado mudou para indicar que uma proposta está em operação. Clique no ícone ATUALIZE STATUS várias vezes até o estado mudar para indicar que a proposta de pagamento está completa.

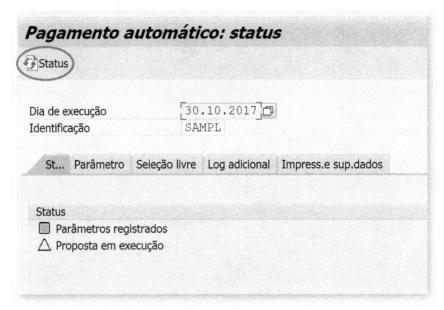

Figura 4.28: Criar uma operação de pagamento, passo 8

9. Quando o estado reflete que uma proposta de pagamento foi criada, escolha ⬚Proposta para ver mensagens relacionadas com a operação de pagamento (Figura 4.29).

Figura 4.29: Criar uma operação de pagamento, passo 9

10. Após rever o log (Figura 4.30), clique em 🕓 e, em seguida, escolha 🖉 Proposta para fazer mudanças nos itens que são propostos para inclusão na nossa operação de pagamento.

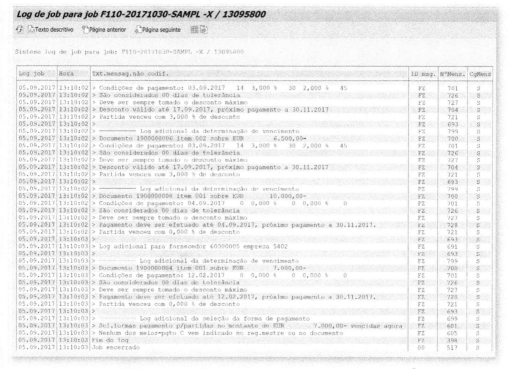

Figura 4.30: Criar uma operação de pagamento, passo 10

11. Você pode escolher editar os documentos para um contador específico ou todos os contadores (Figura 4.31). Clique em ✅ para continuar.

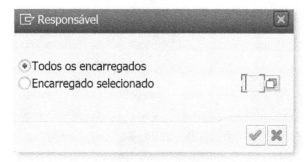

Figura 4.31: Criar uma operação de pagamento, passo 11

159

12. Os pagamentos totais a fazer a cada fornecedor que são incluídos na proposta são apresentados na Figura 4.32. Após selecionar uma linha de fornecedor, escolha SELEÇÃO.

Figura 4.32: Criar uma operação de pagamento, passo 12

13. Na Figura 4.33, podemos ver que os pagamentos ao fornecedor 6400015 incluem uma dedução para a nota de crédito de EUR 600,00. Vamos mudar o nosso pagamento para excluir esta dedução. Selecione o item e, em seguida, escolha MODIFICAR.

Processar proposta de pagamento: partidas em aberto

Modificar   Bloquear tudo   Voltar de "pesquisa"

Execução em   30.10.2017 SAMPL   EmprEmiss   5402

Grupo selecionado
Fornecedor   6400015   Moeda   EUR   FrmPgto   C
Cliente   Divisão   Banco empresa   NLBNK 1000

Itens pagos

Empr.	Montante em MI	Nº documento	Ano	Item	Conta da filial	M	Moeda	BancEm	TpBn	Er.	Tip	Data lçto.
5402	600,00	1700000001	2017	1			EUR				KG	04.09.2017
5402	400,00	1700000002	2017	1			EUR				KG	04.09.2017
5402	8.000,00-	1900000005	2017	1			EUR				KR	04.09.2017
5402	8.500,00-	1900000006	2017	1			EUR				KR	04.09.2017
5402	6.500,00-	1900000006	2017	2			EUR				KR	04.09.2017
5402	10.000,00-	1900000008	2017	1			EUR				KR	04.09.2017

Figura 4.33: Criar uma operação de pagamento, passo 13

14. Selecione BLOQUEIO PGTO. *A*, clique em ☑ (Figura 4.34) e, em seguida, escolha ⏪, na barra de ferramentas.

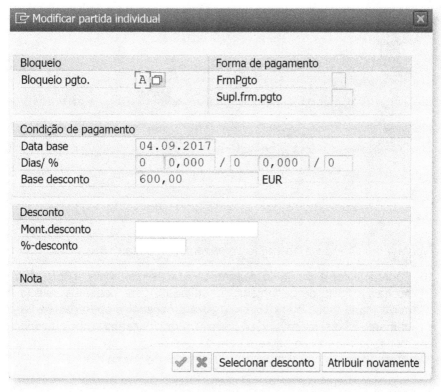

Figura 4.34: Criar uma operação de pagamento, passo 14

15. Na Figura 4.35, repare que a nota de crédito é agora desmarcada e o montante do pagamento de saída aumentou em EUR 600,00. Clique em ⏪ e, em seguida, selecione ⸺ Sim ⸺ quando solicitado a salvar mudanças.

Figura 4.35: Criar uma operação de pagamento, passo 15

16. Podemos ver a partir do separador STATUS na Figura 4.36 que a nossa proposta de pagamento foi editada. Agora podemos selecionar o ícone CICLO DE PAGAMENTO para processar a operação de pagamento. Pressione [Enter] para navegar passando por qualquer mensagem de aviso sobre a data de operação no passado. Escolha START EXECUTA IMEDIATAMENTE , como se pode ver na Figura 4.27.

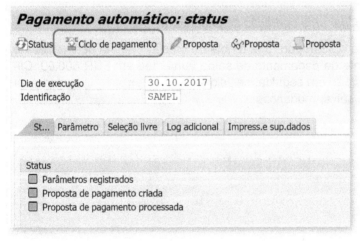

Figura 4.36: Criar uma operação de pagamento, passo 16

17. Aparece uma mensagem indicando que o programa de pagamento está em curso (Figura 4.37). Clique no ícone (ATUALIZE) STATUS repetidamente até o estado mudar, indicando que a proposta de pagamento está completa.

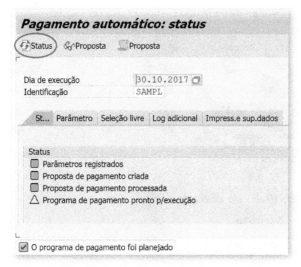

Figura 4.37: Criar uma operação de pagamento, passo 17

18. Após a operação de pagamento ficar concluída, repare na mensagem informando que foram executados lançamentos de pagamento (Figura 4.38).

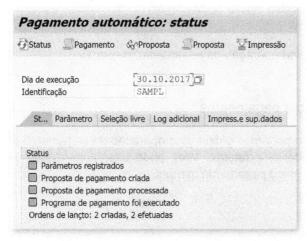

Figura 4.38: Criar uma operação de pagamento, passo 18

19. Se desejar, use a transação FB03 (conforme descrito na Seção 2.3.6) para apresentar os documentos (Figura 4.39).

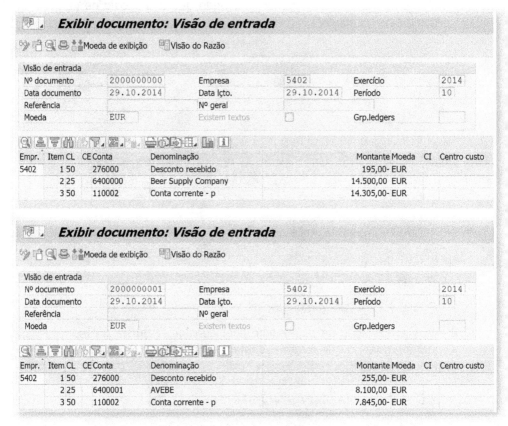

Exibir documento: Visão de entrada

Moeda de exibição   Visão do Razão

Visão de entrada

Nº documento	2000000000	Empresa	5402	Exercício	2014
Data documento	29.10.2014	Data lçto.	29.10.2014	Período	10
Referência		Nº geral			
Moeda	EUR	Existem textos		Grp.ledgers	

Empr.	Item	CL	CE Conta	Denominação	Montante Moeda	CI	Centro custo
5402	1	50	276000	Desconto recebido	195,00- EUR		
	2	25	6400000	Beer Supply Company	14.500,00 EUR		
	3	50	110002	Conta corrente - p	14.305,00- EUR		

Exibir documento: Visão de entrada

Moeda de exibição   Visão do Razão

Visão de entrada

Nº documento	2000000001	Empresa	5402	Exercício	2014
Data documento	29.10.2014	Data lçto.	29.10.2014	Período	10
Referência		Nº geral			
Moeda	EUR	Existem textos		Grp.ledgers	

Empr.	Item	CL	CE Conta	Denominação	Montante Moeda	CI	Centro custo
5402	1	50	276000	Desconto recebido	255,00- EUR		
	2	25	6400001	AVEBE	8.100,00 EUR		
	3	50	110002	Conta corrente - p	7.845,00- EUR		

Figura 4.39: Criar uma operação de pagamento, passo 19

4.3.5   F-53: Lançar pagamentos

Vimos de que modo podemos definir uma operação de pagamento para grupos de fornecedores e faturas. Você pode usar a transação F-53 para processar um único pagamento manual.

No seguinte exemplo, vamos registrar um pagamento para a fatura 1900000002 para o fornecedor 6400000.

1. A partir do menu SAP Easy Access, navegue para: CONTABILIDADE • CONTABILIDADE FINANCEIRA • FORNECEDORES • LANÇAMENTO • SAÍDA DE PAGAMENTOS • F-53 - LANÇAR.

2. Introduza detalhes para o pagamento (Figura 4.40). Como já conhecemos o número do documento que será pago, as seleções adicionais incluem um número de documento. Escolha PROCESSAR PA.

Lançar saída de pagamento: Dados do cabeçalho

Processar PA

Data documento	05.09.2017	Tp.doc.	KZ	Empresa	5402
Data lçto.	05.09.2017	Período	9	Moeda/taxa câm.	EUR
Nº documento				Data conversão	
Referência				Nº interempr.	
Txt.cab.doc.	teste pagamento			Div.parceiro	
Txt.compens.	pagamento manual				

Dados bancários

Conta	110002			Divisão	
Montante	10000			Montante em MI	
Despesas				Despesas MI	
Data efetiva	05.09.2017			Centro de lucro	
Texto				Atribuição	

Seleção das partidas em aberto			Outra seleção	
Conta	6400015		○ nenhum	
Tipo de conta	K	☐ Outras contas	○ Montante	
Código RzE		✓ PA normais	● Nº documento	
NºAvisPgto			○ Data de lançamento	
☐ Distribuir por idade			○ Área de advertência	
☐ Pesquisa automática			○ outra	

Figura 4.40: Lançar um pagamento, F-53, passo 2

3. Introduza o número do documento e escolha PROCESSAR PA (Figura 4.41).

Lançar saída de pagamento Entrar condições de seleção

Outra seleção...   Outra conta   Processar PA

Parâmetros definidos
Empresa   5402
Conta   0006400015
Tipo de conta   K
Cód.Razão Especial   ✔PA normais

Nº documento
de   até   Cadeia   Valor inicial
190000000   ☐   ☐
                                       ☐   ☐
                                       ☐   ☐

Figura 4.41: Lançar um pagamento, F-53, passo 3

4. Sendo o montante atribuído a documentos igual ao montante de pagamento, clique em 🖫 para lançar o pagamento (Figura 4.42).

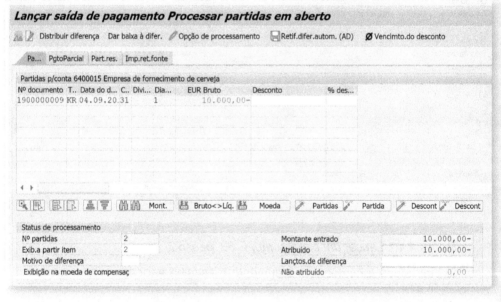

Lançar saída de pagamento Processar partidas em aberto

Distribuir diferença   Dar baixa à difer.   Opção de processamento   Retif.difer.autom. (AD)   Ø Vencimto.do desconto

Pa...   PgtoParcial   Part.res.   Imp.ret.fonte

Partidas p/conta 6400015 Empresa de fornecimento de cerveja
Nº documento T.. Data do d... C.. Divi... Dia... EUR Bruto   Desconto   % des...
1900000009 KR 04.09.20 31   1   10.000,00-

◄ ►

🖫 Mont.   Bruto<>Líq.   Moeda   Partidas   Partida   Descont   Descont

Status de processamento
Nº partidas   2   Montante entrado   10.000,00-
Exib.a partir item   2   Atribuído   10.000,00-
Motivo de diferença   Lançtos.de diferença
Exibição na moeda de compensaç   Não atribuído   0,00

Figura 4.42: Lançar um pagamento, F-53, passo 4

5. Se desejar, use a transação FB03 (conforme descrito na Seção 2.3.6) para apresentar os documentos (Figura 4.43).

Figura 4.43: Lançar um pagamento, F-53, passo 5

4.4 Relatórios de Contas a Pagar (AP) SAP

Vamos agora observar apenas alguns dos relatórios comuns disponíveis. Assim que tiver explorado estes exemplos, você será capaz de navegar pelo Sistema Informativo AP SAP para coletar qualquer informação necessária relativamente às contas a pagar.

4.4.1 Apresentar saldos de fornecedores

1. Para apresentar os saldos de fornecedores a partir do menu SAP Easy Access, navegue para: ACCOUNTING • FINANCIAL CONTABILIDADE • CONTABILIDADE FINANCEIRA • FORNECEDORES •LANÇAMENTO • CONTA • FK10N - EXIBIR SALDOS

Apresentar saldos de fornecedores	
	Em vez de navegar para a tela de apresentação de saldos pelo menu, você pode escrever *FK10N* no campo de comando e pressionar ⌷ Enter ⌷.

2. Introduza o número do fornecedor, código da empresa e ano fiscal e, em seguida, clique em ⊕ para executar o relatório (Figura 4.44).

167

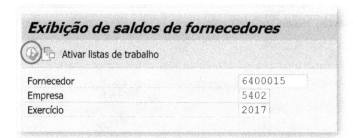

Figura 4.44: Apresentar saldos de fornecedores, passo 2

3. Os saldos de fornecedores são apresentados por período fiscal (Figura 4.45). Dê um clique duplo em um montante para apresentar os itens individuais detalhados.

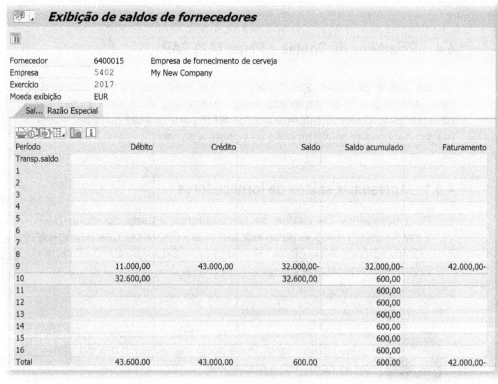

Figura 4.45: Apresentar saldos de fornecedores, passo 3

4. São apresentados os itens individuais que perfazem o saldo (Figura 4.46).

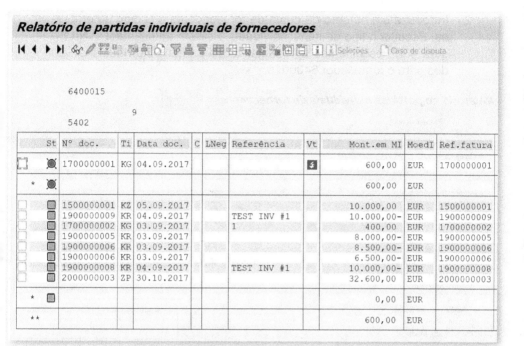

Figura 4.46: Apresentar saldos de fornecedores, passo 4

4.4.2 Apresentar itens individuais de fornecedores

Em vez de navegar para itens individuais a partir da apresentação do saldo de fornecedor, você pode usar a transação da apresentação de itens individuais.

1. A partir do menu SAP Easy Access, navegue para: CONTABILIDADE • CONTABILIDADE FINANCEIRA • FORNECEDORES • LANÇAMENTO • CONTA • FBL1N - EXIBIR/MODIFICAR PARTIDAS.

Apresentar itens individuais de fornecedores

Em vez de navegar para a tela para apresentar itens individuais de fornecedores pelo menu, você pode escrever *FBL1N* no campo de comando e pressionar Enter.

2. Introduza um número de conta de fornecedores e código de empresa. Escolha o tipo de itens individuais a serem apresentados. Na Figura 4.47, escolhemos apresentar todos os itens individuais lançados para o fornecedor 6400015.

Relatório de partidas individuais de fornecedores

⊕ ⌷ ≣ [i] Fontes de dados

Seleção - fornecedor
Conta de fornecedor	6400015	até	⇨
Empresa	5402	até	⇨

Seleç.c/ajuda p/pesquisa
ID ajud.pesq.
Cad.pesq.

Seleção das partidas

Status
○ Partidas em aberto
Aberto à data fixada   05.09.2017

> Itens abertos: selecione e insira uma data chave para apresentar itens abertos a partir dessa data chave

○ Partidas compensadas
Data de compensação   até
Aberto à data fixada

> Itens compensados: selecione para apresentar apenas itens compensados

◉ Todas as partidas
Data de lançamento   até

> Todos os itens: selecione para apresentar todos os itens lançados em uma conta. Nota: deixar datas em branco pode levar a que sejam devolvidos demasiados itens e causar um erro de tempo excedido (timeout).

Tipo
☑ Partidas normais
☐ Operações do Razão Especi
☐ Partida-memo
☐ Partidas pré-editadas
☐ Partida em débito

Saída de listagem
Layout
Número máximo de partidas

> Se tiver sido criado um layout (veja figuras 3.49 a 3.56) poderá navegar diretamente para o layout inserindo aqui a id do layout.

Figura 4.47: Apresentar itens individuais de fornecedores, passo 2

3. Os itens individuais do fornecedor são apresentados (Figura 4.48).

4. Para apresentar detalhes, dê um clique duplo no item individual. Na Figura 4.49, repare que, para o documento selecionado, podemos ver detalhes, incluindo o documento de compensação — o documento de pagamento ZP que foi registrado com a nossa operação de pagamento demonstrada na Seção 4.3.4.

Relatório de partidas individuais de fornecedores

6400015

Itens abertos   9

5402

Indicador de data de vencimento ultrapassada

St	N° doc.	Ti	Data doc.	C	LNeg	Referência	Vt	Mont.em MI	MoedI	Ref.fatura	Bl	VencLíquid
◉	1700000001	KG	04.09.2017				⚡	600,00	EUR	1700000001		04.09.2017
* ◉								600,00	EUR			
▣	1500000001	KZ	05.09.2017					10.000,00	EUR	1500000001		05.09.2017
▣	1900000009	KR	04.09.2017			TEST INV #1		10.000,00-	EUR	1900000009		04.09.2017
▣	1700000002	KG	03.09.2017			1		400,00	EUR	1700000002		03.09.2017
▣	1900000005	KR	03.09.2017					8.000,00-	EUR	1900000005		03.09.2017
▣	1900000006	KR	03.09.2017					8.500,00-	EUR	1900000006		18.10.2017
▣	1900000006	KR	03.09.2017					6.500,00-	EUR	1900000006		18.10.2017
▣	1900000008	KR	04.09.2017			TEST INV #1		10.000,00-	EUR	1900000008		04.09.2017
▣	2000000003	ZP	30.10.2017					32.600,00	EUR	2000000003		30.10.2017
* ▣	Itens compensados							0,00	EUR			
**								600,00	EUR			

Figura 4.48: Apresentar itens individuais de fornecedores, passo 3

Exibir documento: Item 001

Outros dados

Fornecedor	6400015	Empresa de fornecimento de cerveja	Razão	161000
Empresa	5402	Basicway 40		
My New Company		Amersfoor	N° doc.	1900000009

Item 1 / Fatura / 31

Montante   10.000,00   EUR
Cód.imposto

Dados adicionais

Divisão
Base descon.   10.000,00   EUR   Mont.descon.   0,00   EUR
Cond.pgto.   Dias / %   0   0,000 % 0   0,000 % 0
Data base   04.09.2017   Fixado
Bloq.pgto.   Fatura ref.   /   / 0
Moeda pagto.   Mont.MoedPgt   0,00
FrmPgto
Compensação   05.09.2017 / 1500000001
Atribuição
Texto   Teste por uma fatura de fornecedor em espera   Txts.descrs.

Figura 4.49: Apresentar itens individuais de fornecedores, passo 4

5. Selecione 📇 para apresentar informação adicional relativamente à entrada do documento (Figura 4.50).

Figura 4.50: Apresentar itens individuais de fornecedores, passo 5

6. Selecione 🤰 (consulte a Figura 4.49) para apresentar a vista de entrada de documento tal como vimos com a transação FB03 (Figura 4.51).

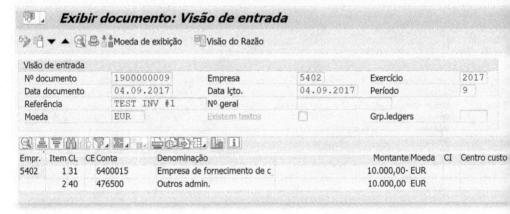

Figura 4.51: Apresentar itens individuais de fornecedores, passo 6

4.4.3   Acessar o Sistema Informativo AP SAP

Nesta seção, vamos explorar apenas um dos relatórios AP fornecidos pelo SAP, mas incentivamos você a usar as técnicas aprendidas aqui e no Sistema Informativo AR para ver os vários relatórios disponíveis.

Para acessar os relatórios, a partir do menu SAP Easy Access, navegue para o Sistema Informativo de Contas a Pagar (Figura 4.52).

CONTABILIDADE • CONTABILIDADE FINANCEIRA • FORNECEDORES • LANÇA-MENTO • SISTEMA DE INFORMAÇÃO • RELATÓRIOS RELATIVOS À CONTABILIDADE DE FORNECEDORES

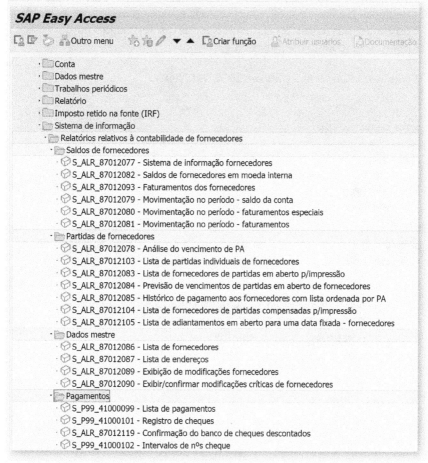

Figura 4.52: Sistema Informativo de Contas a Pagar

Análise da data de vencimento para itens abertos

1. Selecione o relatório S_ALR_87012078 no Sistema Informativo dando um clique duplo sobre o mesmo.

Análise da data de vencimento para itens abertos

Em vez de navegar para o relatório por meio do Sistema Informativo, você pode escrever *S_ALR_87012078* no campo de comando e pressionar [Enter].

---

2. Introduza os critérios de seleção e clique em ⊕ para executar o relatório. Na Figura 4.53, introduzimos apenas o código de empresa, de modo que o relatório devolva todos os fornecedores com itens abertos no código de empresa.

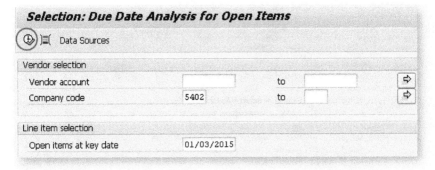

Figura 4.53: Análise da data de vencimento para relatório de itens abertos, passo 2

3. Assim que o relatório for executado (Figura 4.54), aparecem os detalhes por fornecedor na seção superior do relatório e, abaixo, aparece um resumo dos itens abertos.

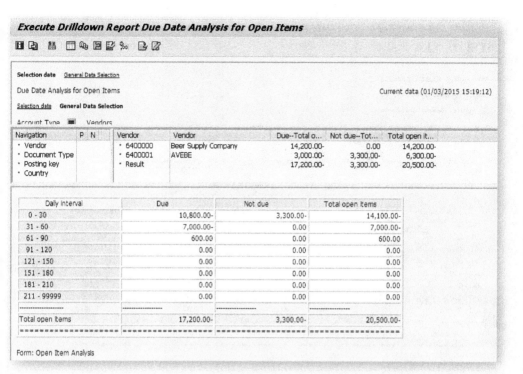

Execute Drilldown Report Due Date Analysis for Open Items

Selection date   General Data Selection

Due Date Analysis for Open Items   Current data (01/03/2015 15:19:12)

Selection date   **General Data Selection**

Account Type ☰   Vendors

Navigation	P	N	Vendor	Vendor	Due--Total o...	Not due--Tot...	Total open it...
• Vendor			• 6400000	Beer Supply Company	14,200.00-	0.00	14,200.00-
• Document Type			• 6400001	AVEBE	3,000.00-	3,300.00-	6,300.00-
• Posting key			• Result		17,200.00-	3,300.00-	20,500.00-
• Country							

Daily interval	Due	Not due	Total open items
0 - 30	10,800.00-	3,300.00-	14,100.00-
31 - 60	7,000.00-	0.00	7,000.00-
61 - 90	600.00	0.00	600.00
91 - 120	0.00	0.00	0.00
121 - 150	0.00	0.00	0.00
151 - 180	0.00	0.00	0.00
181 - 210	0.00	0.00	0.00
211 - 99999	0.00	0.00	0.00
Total open items	17,200.00-	3,300.00-	20,500.00-

Form: Open Item Analysis

Figura 4.54: Análise da data de vencimento para relatório de itens abertos, passo 3

4. Dê um clique duplo em TIPO DE DOCUMENTO no painel de navegação à esquerda e repare que o relatório está agora repartido por tipo de documento (Figura 4.55).

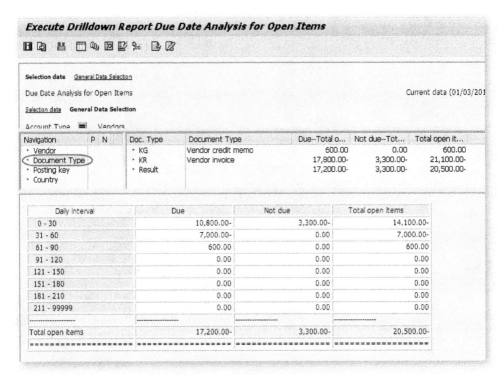

Figura 4.55: Análise da data de vencimento para relatório de itens abertos, passo 4

4.5 Exercícios

4.5.1 Crie um fornecedor

Grupo de contas	0066 – Novos Fornecedores (idêntico ao grupo 0004)
Informação do Fornecedor	Hoogeveen Prins Hendrikstraat 24 7902 BZ Hoogeveen Países Baixos
Conta de reconciliação	161000

4.5.2   Lance uma fatura de fornecedor

Fornecedor	Deventer
Fatura nº1 informação Data Referência Montante Compensação GL	 Data de hoje Nova fatura 1 EUR 7000 476500

4.5.3   Apresente itens individuais para o fornecedor

5 Configuração para a introdução ao SAP FI

Este capítulo fornece uma explicação sobre a configuração básica necessária para realizar os exercícios contidos neste livro.

Não são dadas instruções passo a passo; em vez disso, são dados os caminhos do menu e/ou os códigos de transação para a configuração básica, juntamente com os valores utilizados na criação dos exercícios.

A não ser que seja indicado de outro modo, todos os caminhos do menu apresentados começam no menu Customizing, que pode ser acessado executando a transação SPRO.

5.1 Criar um código de empresa

5.1.1 Copiar código da empresa

Transação OX02

Código da Empresa	5402
Nome	O Meu Código da Empresa
Cidade	Amsterdam
País	NL
Moeda	EUR
Rua/N.º	Surinmestratt 27
Código Postal	2585 GJ
Cidade	Den Haag
País	NL
Caixa Postal	90922
Código Postal	2595 GJ

Figura 5.1: Criar um código de empresa, passo 1

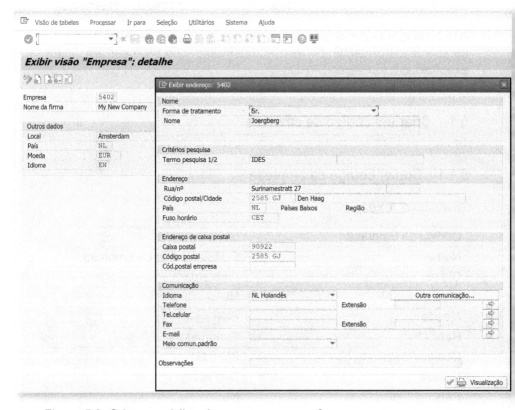

Figura 5.2: Criar um código de empresa, passo 2

5.1.2   Atribuir parâmetros globais

TRANSAÇÃO OBY6

Modif.visão "Dados globais da empresa": detalhe

Dados adicionais ◀ ▶

Empresa	5402	My New Company		Amsterdam	
Chave do país	NL	Moeda	EUR	Código de idioma	EN

Organização da contabilidade

Plano de contas		INT1	Plano ctas.país	
Sociedade			Área de AF	
Área controle créd.		1000	Variante exercício	K4
Empresa externa		☐	Empresa global	
Empresa em regime produtivo		☑	Nº ID fiscal de IVA	NL008209893B01

Parâmetros do método

Var.tela p/entrada documento		☐ Balanços de divisão
Var.status campo	1000	☐ Propor exercício
Var.períodos contáb.	1000	☐ Propor data efetiva
Desvio máximo taxa de câmbio	10 %	☐ s/diferença de câmbio ao compensar (MI)
Var.regra p/conta-modelo		☐ Base imposto é valor líquido
Variante workflow		☐ Base desconto é valor líquido
Método de inflação		☐ Admin.bens patrimoniais ativa
Conv.moeda imposto		☐ Adm.conta de compras
Empresa -> ACC	2	☐ Contabil.JV ativa
Análise custo vendas ativa		☐ Solicit.garant.ativa
☑ Lançamentos negativos permit.		☐ Possibilit.partição mont
☑ Adm.tesouraria ativa		☐ Dt.decl.impostos ativa
☐ Admin.per.contábil		

Figura 5.3: Parâmetros globais para código de empresa exemplificativo

5.2   Atribuir código de empresa à área de controle

TRANSAÇÃO OKKP

Modificar visão "Atribuição empresa(s)": síntese

Entradas novas

Área contab.custos
- ☐ Dados básicos
  - ☐ Ativar componentes/código de c
  - ☐ Atribuição empresa(s)

Área contab.custos	5400 Netherland

Empresas atribuídas

Empr	Nome da firma
5400	ABC Company bv
5401	XYZ Company bv
5402	My New Company
5403	NewCO

Posicionar...

Figura 5.4: Atribuir um código de empresa à área de controle 5400

5.3 Copiar quadro de contas para código de empresa

Na Seção 5.1.2, nós atribuímos o quadro de contas INT1 ao nosso código de empresa, porém, as contas atuais no quadro de contas precisam ser estendidas ao código de empresa. Existe uma transação SAP que permite que todas as contas utilizadas em um código de empresa sejam estendidas a outro código de empresa:

TRANSAÇÃO FS15

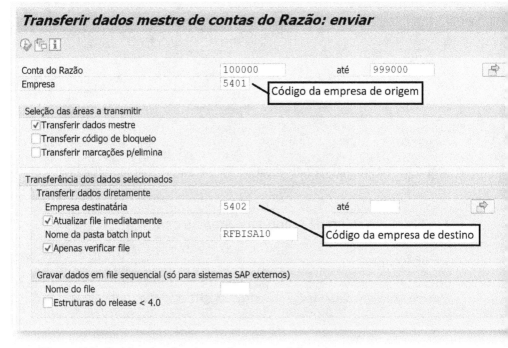

Figura 5.5: Copiar quadro de contas para código de empresa

182

5.4   Preparar para entrada de documento Ledger Geral

5.4.1   Desativar divisão de documento para código de empresa

CONTABILIDADE FINANCEIRA (NV.) • CONTABILIDADE GERAL NOVA • TRANSAÇÕES COMERCIAIS • ESTR.HIERÁR.DOCS. • ATIVAR ESTRUTURA HIERÁRQUICA DE DOCUMENTOS

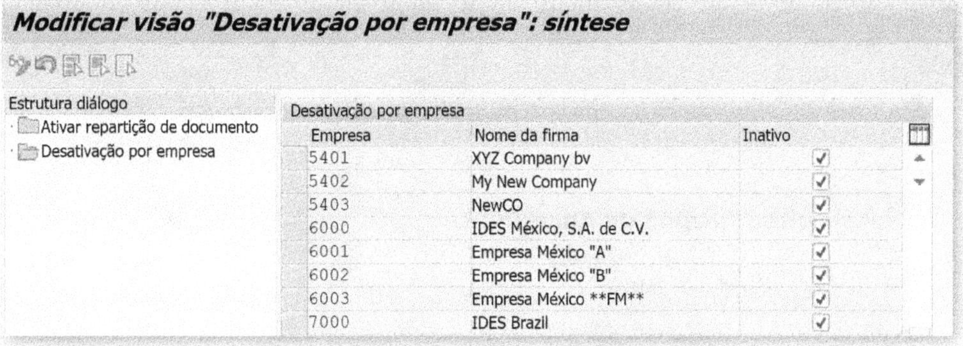

Modificar visão "Desativação por empresa": síntese

Empresa	Nome da firma	Inativo	
5401	XYZ Company bv	✓	
5402	My New Company	✓	
5403	NewCO	✓	
6000	IDES México, S.A. de C.V.	✓	
6001	Empresa México "A"	✓	
6002	Empresa México "B"	✓	
6003	Empresa México **FM**	✓	
7000	IDES Brazil	✓	

Estrutura diálogo
· Ativar repartição de documento
· Desativação por empresa

Figura 5.6: Desativar divisão de documento

5.4.2   Atribuir limites de número a documentos

TRANSAÇÃO OBH1

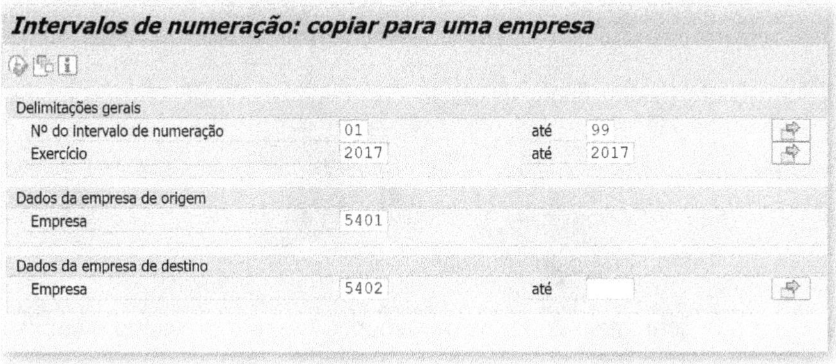

Intervalos de numeração: copiar para uma empresa

Delimitações gerais
Nº do intervalo de numeração   01   até   99
Exercício   2017   até   2017

Dados da empresa de origem
Empresa   5401

Dados da empresa de destino
Empresa   5402   até

Figura 5.7: Copiar limites de número de documento para código de empresa

5.4.3 Criar limite de número para documentos recorrentes

TRANSAÇÃO FBN1

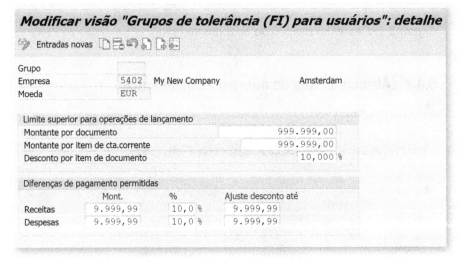

Atualização de intervalo: Documento contábil, subobjeto 5402

Nº Ano	de nº	até nº	PosIntNumer.	Ext
X1 2017	9000000000	9100000000	0	
01 2006	0100000000	0199999999	0	
01 2014	0100000000	0199999999	100000002	
01 2015	0100000000	0199999999	0	
01 2017	0100000000	0199999999	100000011	

Figura 5.8: Criar limites de número para documentos recorrentes

5.4.4 Definir grupos de tolerância

TRANSAÇÃO OBA4

Modificar visão "Grupos de tolerância (FI) para usuários": detalhe

Entradas novas

Grupo		
Empresa	5402 My New Company	Amsterdam
Moeda	EUR	

Limite superior para operações de lançamento

Montante por documento	999.999,00
Montante por item de cta.corrente	999.999,00
Desconto por item de documento	10,000 %

Diferenças de pagamento permitidas

	Mont.	%	Ajuste desconto até
Receitas	9.999,99	10,0 %	9.999,99
Despesas	9.999,99	10,0 %	9.999,99

Figura 5.9: Definir grupos de tolerância

GROUP pode ficar vazio se todos os usuários tiverem o mesmo nível de tolerância.

5.4.5 Abrir períodos de lançamento

TRANSAÇÃO OB52

Modificar visão "Períodos contábeis: definir intervalos": síntese

Entradas novas ☐ ☰ ➲ 🖺 🖺 🖺

Var.períodos contáb.   1000

Períodos contábeis: definir intervalos

C	Da conta	Até conta	De per.1	Ano	Até per.1	Ano	GrAu	De per.2	Ano	Até per.2	Ano
+			1	2008	12	2017	1		2008	12	2017
A		ZZZZZZZZZZ	1	2008	12	2017	1		2008	12	2016
D		ZZZZZZZZZZ	1	2008	12	2017	1		2008	12	2016
K		ZZZZZZZZZZ	1	2008	12	2017	1		2008	12	2016
M		ZZZZZZZZZZ	1	2008	12	2017	1		2008	12	2016
S		ZZZZZZZZZZ	1	2008	12	2017	1		2008	12	2016
V			1	2008	12	2017	1		2008	12	2016

Figura 5.10: Abrir períodos de lançamento

5.5 Preparar para entrada de documento Contas a Receber

5.5.1 Criar grupo de contas de clientes

CONTABILIDADE FINANCEIRA (NV.) • CONTABILIDADE DE CLIENTES E FORNECE-
DORES • CONTAS DE CLIENTES • DADOS MESTRE • PREPARATIVOS PARA
CRIAÇÃO DE DADOS MESTRE DE CLIENTES • DEFINIR GRUPO DE CONTAS COM
ESTRUTURA DE TELA (CLIENTES)

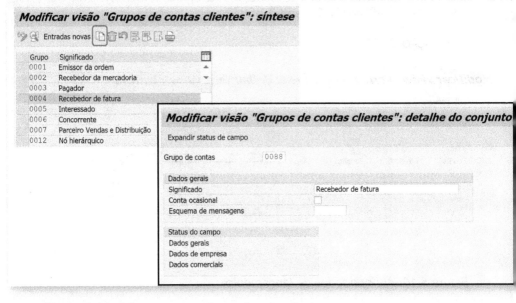

Figura 5.11: Criar um grupo de contas de clientes

5.5.2 Criar limites de número de clientes

TRANSAÇÃO XDN1

Atualização de intervalo: Cliente

Deixe em branco para números atribuídos internamente.

Nº	de nº	até nº	PosIntNumer.	Ext
08	0000400000	0000499999	0	☑
09	0000500000	0000599999	500055	☐
10	1000100000	1000199999	1000100004	☐
11	0000600001	0000699999	0	☐
54	0005000000	0005999999	5000024	☐

Figura 5.12: Criar limites de número de clientes

5.5.3 Atribuir limite de número ao grupo de clientes

CONTABILIDADE FINANCEIRA (NV.) • CONTABILIDADE DE CLIENTES E FORNECE-
DORES • CONTAS DE CLIENTES • DADOS MESTRE • PREPARATIVOS PARA
CRIAÇÃO DE DADOS MESTRE DE CLIENTES • PREPARATIVOS PARA CRIAÇÃO DE
DADOS MESTRE DE CLIENTES

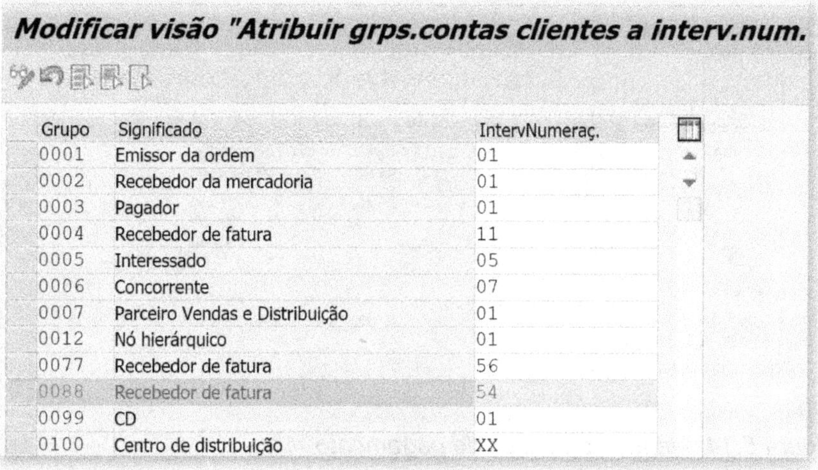

Modificar visão "Atribuir grps.contas clientes a interv.num.

Grupo	Significado	IntervNumeraç.
0001	Emissor da ordem	01
0002	Recebedor da mercadoria	01
0003	Pagador	01
0004	Recebedor de fatura	11
0005	Interessado	05
0006	Concorrente	07
0007	Parceiro Vendas e Distribuição	01
0012	Nó hierárquico	01
0077	Recebedor de fatura	56
0088	Recebedor de fatura	54
0099	CD	01
0100	Centro de distribuição	XX

Figura 5.13: Atribuir limite de número ao grupo de clientes

5.5.4 Manter condições de pagamento

CONTABILIDADE FINANCEIRA (NV.) • CONTABILIDADE DE CLIENTES E FORNECE-
DORES • TRANSAÇÕES COMERCIAIS • SAÍDA DE FATURA/SAÍDA DE NOTA DE
CRÉDITO • ATUALIZAR CONDIÇÕES DE PAGAMENTO

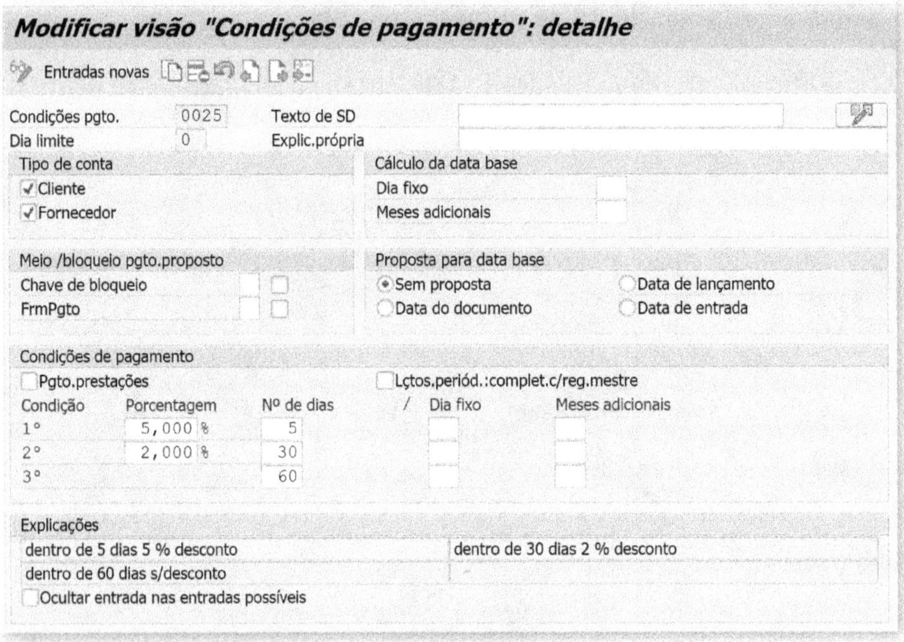

Modificar visão "Condições de pagamento": detalhe

Entradas novas

Condições pgto.	0025	Texto de SD	
Dia limite	0	Explic.própria	

Tipo de conta
- ✓ Cliente
- ✓ Fornecedor

Cálculo da data base
- Dia fixo
- Meses adicionais

Meio /bloqueio pgto.proposto
- Chave de bloqueio
- FrmPgto

Proposta para data base
- ● Sem proposta
- ○ Data do documento
- ○ Data de lançamento
- ○ Data de entrada

Condições de pagamento
- ☐ Pgto.prestações
- ☐ Lçtos.periód.:complet.c/reg.mestre

Condição	Porcentagem	Nº de dias	/	Dia fixo	Meses adicionais
1°	5,000 %	5			
2°	2,000 %	30			
3°		60			

Explicações

dentro de 5 dias 5 % desconto	dentro de 30 dias 2 % desconto
dentro de 60 dias s/desconto	

☐ Ocultar entrada nas entradas possíveis

Figura 5.14: Manter condições de pagamento

5.5.5 Definir códigos da diferença

TRANSAÇÃO OBBE

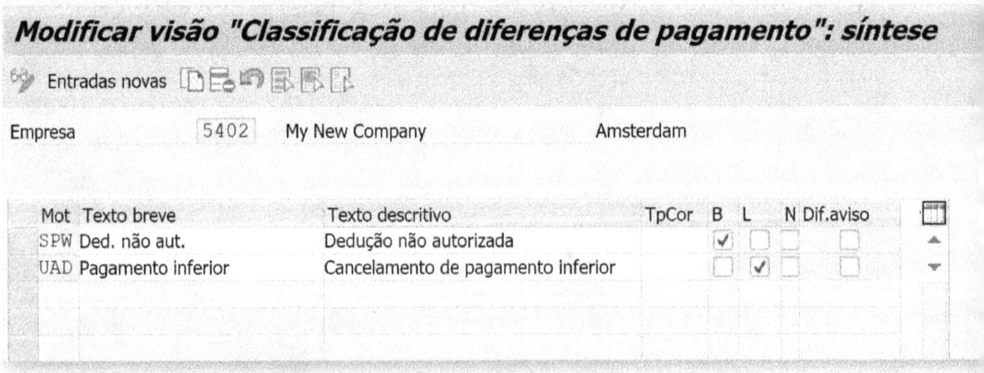

Modificar visão "Classificação de diferenças de pagamento": síntese

Entradas novas

Empresa	5402	My New Company	Amsterdam

Mot	Texto breve	Texto descritivo	TpCor	B	L	N	Dif.aviso
SPW	Ded. não aut.	Dedução não autorizada		✓	☐	☐	
UAD	Pagamento inferior	Cancelamento de pagamento inferior		☐	✓	☐	

Figura 5.15: Definir códigos da diferença

5.5.6 Atribuições de conta predefinidas

TRANSAÇÃO OBXI

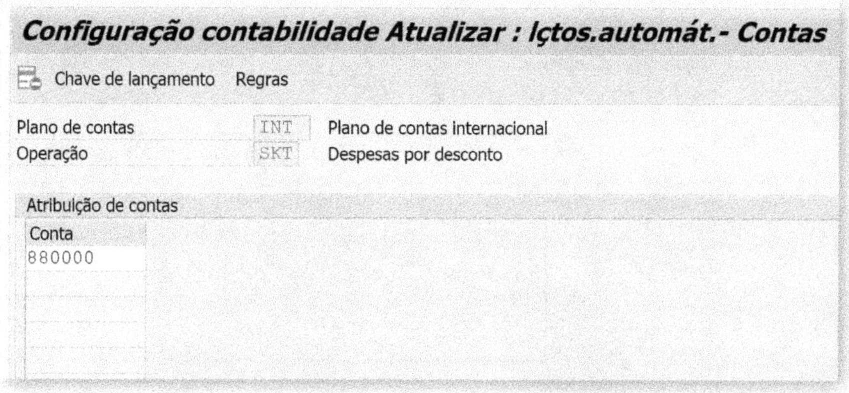

Configuração contabilidade Atualizar : Içtos.automát.- Contas

🔲 Chave de lançamento   Regras

Plano de contas	INT	Plano de contas internacional
Operação	SKT	Despesas por desconto

Atribuição de contas

Conta
880000

Figura 5.16: Atribuição de conta predefinida para descontos do cliente

TRANSAÇÃO OBXL

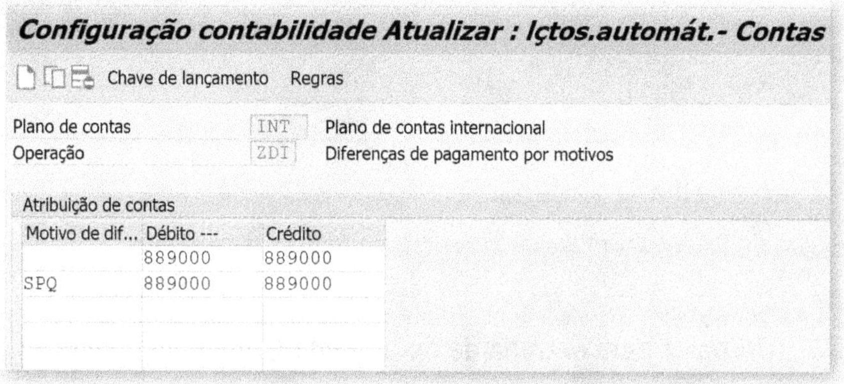

Configuração contabilidade Atualizar : Içtos.automát.- Contas

🔲🔲🔲 Chave de lançamento   Regras

Plano de contas	INT	Plano de contas internacional
Operação	ZDI	Diferenças de pagamento por motivos

Atribuição de contas

Motivo de dif...	Débito ---	Crédito
	889000	889000
SPQ	889000	889000

Figura 5.17: Atribuição de conta predefinida para pagamentos a mais/menos por código da diferença

5.5.7 Definir limites do número de documentos para faturas dos clientes

TRANSAÇÃO OBA7

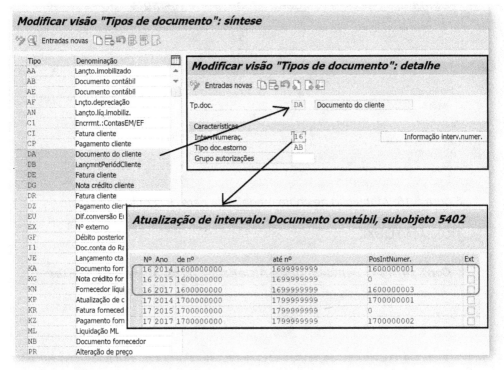

Figura 5.18: Definir limites de número para faturas dos clientes

5.6 Preparar para entrada de documento Contas a Pagar

5.6.1 Criar banco da empresa

TRANSAÇÃO FI12

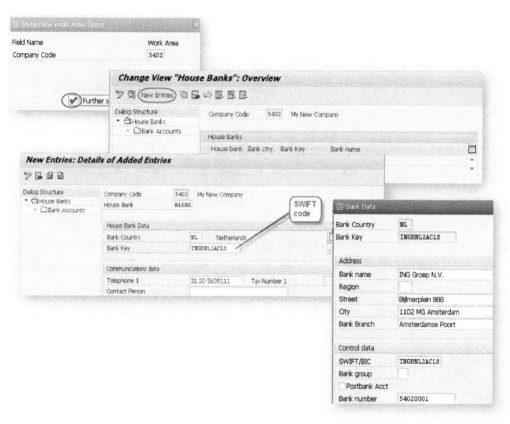

Figura 5.19: Criar banco da empresa

5.6.2 Definir códigos da empresa para transações de pagamento

CONTABILIDADE FINANCEIRA (NV.) • CONTABILIDADE DE CLIENTES E FORNECE-
DORES • TRANSAÇÕES COMERCIAIS • SAÍDA DE PAGAMENTOS • SAÍDA DE PA-
GAMENTO AUTOMÁTICA • SELEÇÃO DE MEIO DE PAGAMENTO/DE BANCO
P/PROGRAMA DE PAGAMENTO • INSTALAR TODAS AS EMPRESAS PARA PAGA-
MENTOS

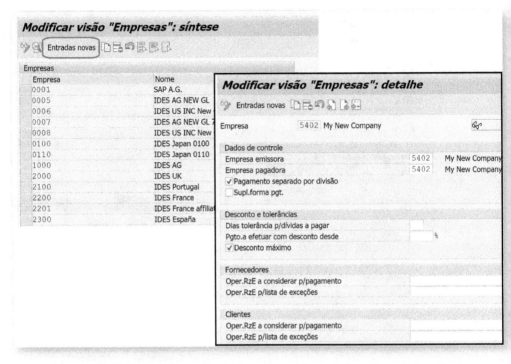

Figura 5.20: Definir códigos da empresa para transações de pagamento

5.6.3 Definir código da empresa de pagamento para transações de pagamento

CONTABILIDADE FINANCEIRA (NV.) • CONTABILIDADE DE CLIENTES E FORNECE-
DORES • TRANSAÇÕES COMERCIAIS • SAÍDA DE PAGAMENTOS • SAÍDA DE PA-
GAMENTO AUTOMÁTICA • SELEÇÃO DE MEIO DE PAGAMENTO/DE BANCO
P/PROGRAMA DE PAGAMENTO • INSTALAR EMPRESAS PAGADORAS PARA PAGA-
MENTOS

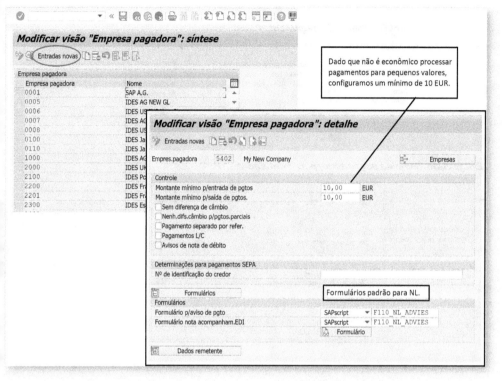

Figura 5.21: Definir código da empresa de pagamento para transações de pagamento

5.6.4   Definir métodos de pagamento por país

CONTABILIDADE FINANCEIRA (NV.) • CONTABILIDADE DE CLIENTES E FORNECE-DORES • TRANSAÇÕES COMERCIAIS • SAÍDA DE PAGAMENTOS • SAÍDA DE PA-GAMENTO AUTOMÁTICA • SELEÇÃO DE MEIO DE PAGAMENTO/DE BANCO P/PROGRAMA DE PAGAMENTO • INSTALAR FORMAS DE PAGAMENTO POR PAÍS PARA PAGAMENTOS

Exibir visão "Meio de pagamento/país": síntese

Estrutura diálogo
- Meio de pagamento/país
  - Moedas permitidas
  - Países de destino permitidos
  - Motivo da operação segundo ori

Meio de pagamento/país

País	Denominação	FrmPgto	Significado
NL	Países Baixos	A	Buitl.bet.via bankoverboeking
		B	Bankbetaling
		C	Check
		I	Payment via IHC (Netting)
		J	Payment via IHC (External)
		P	Postgiro-betaling

Exibir visão "Meio de pagamento/país": detalhe

Estrutura diálogo
- Meio de pagamento/país
  - Moedas permitidas
  - Países de destino permitidos
  - Motivo da operação segundo ori

País   NL   Países Baixos
FrmPgto   C
Denominação   Check
Significado

Utilização em empresas

Meio de pagamento para
- ⦿ Saídas pagamento
- ○ Entradas pgmto.

Classificação de meio de pagamento
- ○ Transf.
- ⦿ Cheque
- ○ L/C
- ○ L/C-cheque

- ☐ Conta corrente postal
- ☑ Permitido p/pgto.de pessoal
- ☐ Emissão L/C antes de vencimento

- ☐ L/C foi aceita
- ☐ Forma pagamento NDR
- ☐ Transferência Euro

Dados necessários no registro mestre
- ☐ Rua, CxPostal ou CxPostal CEP
- ☐ Dados bancários
  - ☐ Nº de conta necessário
  - ☐ IBAN necessário
  - ☐ Código SWIFT necessário
- ☐ Autorização débito direto
- ☐ Necessário mandato SEPA

Indicações relativas ao lançamento

Tipo doc.p/pagamento	ZP
Tipo doc.p/compensação	ZV
Cód.RzE para L/C /solicitação L/C	

- ☐ Só ordem pagamento

Meio de pagamento
- ○ Utilizar workbench meio de pgmto.

Formato
Suplemento formato

Informações PMW

- ⦿ Utilizar programas clássicos de meios pgmto. (RFFO*)

Programa meio pgmto.	RFFONL_A
Nome conj.dados p/impr.	LIST1S

Chave em linha codificada   11
Dados de impressão p/L/C

Figura 5.22: Definir métodos de pagamento por país

5.6.5 Definir método de pagamento por código da empresa

CONTABILIDADE FINANCEIRA (NV.) • CONTABILIDADE DE CLIENTES E FORNECE-DORES • TRANSAÇÕES COMERCIAIS • SAÍDA DE PAGAMENTOS • SAÍDA DE PA-GAMENTO AUTOMÁTICA • SELEÇÃO DE MEIO DE PAGAMENTO/DE BANCO P/PROGRAMA DE PAGAMENTO • INSTALAR FORMAS DE PAGAMENTO POR EMPRESA PARA PAGAMENTOS

Modificar visão "Atualização dos dados da empresa de uma forma de paga

Entradas novas

| Empres.pagadora | 5402 | My New Company | | Meio pgmto.país |
| FrmPgto | C | Check | | |

Limites de montante
- Montante mínimo: 10,00 EUR
- Montante máximo: 250.000,00 EUR
- Mont.distribuição: EUR

Agrupamento das partidas
- ☑ Pgto.individual p/partida marcada
- ☑ Pgto. por dta.vencimento
- ☐ Pagamento individual ampliado

Pagamentos de moeda estrangeira/externa
- ☑ Parc. de negóc. permitido no estrang.
- ☑ Moeda estrangeira admitida
- ☑ Permitido banco no estrangeiro

Controle da seleção de banco
- ◉ Sem otimização
- ○ Otimizar segundo grupos de bancos
- ○ Otimizar segundo CEP

Indicações formu

Formulários
- Formulário para o meio de pagamento — SAPscript ▾ F110_PRENUM_CHCK
- Outro formulário — SAPscript ▾

Formulário

Sacador no formulário
- My New Company
- Surinamestratt 27
- 2585 GJ Den Haag NL

Ordenação do
- Correspondência
- Parts.indivs.

Contr.av.pgt.

Controle de aviso de pagamento

Linhas de motivo da operação no formulário
- ○ limita a — 1 Linhas
- ◉ nenh.
- ○ muitos

Saída de aviso pagamento segundo nº de linhas
- ○ Avis.pgmto.em + q/...linhas
- ◉ Smpre.av.pgmto.

Aviso de pagamento em todas as instâncias

Não há uma linha à disposição no meio de pagamento para motivos de operação. Pelo contrário, é sempre gerado um aviso de pagamento que contém todas as informações sobre o motivo de pagamento.

Esta opção pode-se utilizar, por exemplo, para as letras de câmbio

Figura 5.23: Definir um método de pagamento por código da empresa

5.6.6 Definir determinação bancária para transações de pagamento

CONTABILIDADE FINANCEIRA (NV.) • CONTABILIDADE DE CLIENTES E FORNECE-
DORES • TRANSAÇÕES COMERCIAIS • SAÍDA DE PAGAMENTOS • SAÍDA DE PA-
GAMENTO AUTOMÁTICA • SELEÇÃO DE MEIO DE PAGAMENTO/DE BANCO
P/PROGRAMA DE PAGAMENTO • INSTALAR DETERMINAÇÃO DE BANCOS PARA
PAGAMENTOS

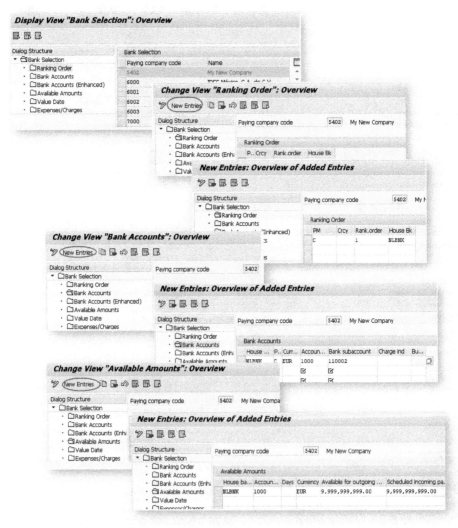

Figura 5.24: Definir determinação bancária para transações de pagamento

5.6.7   Criar limites de número para fornecedores

TRANSAÇÃO XKN1

Atualização de intervalo: Fornecedor

Nº de nº	até nº	PosIntNumer.	Ext	
64 0006400000	0006999999	6400019	☐	
66 0060000000	0069999999	60000014	☐	
EB 1000000000	1000009999	0	☐	
XX A	ZZZZZZZZZZ	0	☑	

Figura 5.25: Criar limites de número para fornecedores

5.6.8   Definir grupos de contas de fornecedores

CONTABILIDADE FINANCEIRA (NV.)• CONTABILIDADE DE CLIENTES E FORNECE-
DORES• CONTAS DE FORNECEDORES• DADOS MESTRE• PREPARATIVOS PARA
CRIAÇÃO DE DADOS MESTRE DE FORNECEDORES• DEFINIR GRUPO DE CONTAS
COM ESTRUTURA DE TELA (FORNECEDORES)

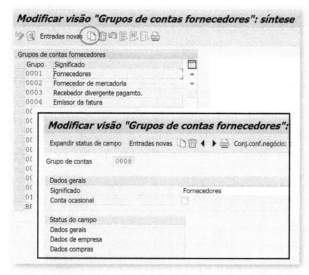

Figura 5.26: Definir grupos de contas de fornecedores

5.6.9 Atribuir limite de número ao grupo de contas do fornecedor

CONTABILIDADE FINANCEIRA (NV.)• CONTABILIDADE DE CLIENTES E FORNECE-DORES• CONTAS DE FORNECEDORES• DADOS MESTRE• PREPARATIVOS PARA CRIAÇÃO DE DADOS MESTRE DE FORNECEDORES• ATRIBUIR INTERVALOS DE NUMERAÇÃO A GRUPOS DE CONTAS P/FORNECEDORES

Modificar visão "Atribuição grupos ctas.de forneced.

Grupo	Significado	IntervNumeraç.
0001	Fornecedores	01
0002	Fornecedor de mercadoria	XX
0003	Recebedor divergente pagamto.	XX
0004	Emissor da fatura	XX
0005	Transportadora	XX
0006	Endereço de pedido	XX
0007	Centros	XX
0008	Fornecedores	64
0010	Fornecedor especial	02
0012	Nó hierárquico	01
0020	Fornecedores	04
0066	Emissor da fatura	66
0099	Fornecedores ocasionais	01
0100	Fornecedor-centro de distrib.	XX
BR01	Fornecedores do Brasil	XX

Figura 5.27: Atribuir limite de número ao grupo de contas do fornecedor

5.6.10 Limites de número de documentos AP

TRANSAÇÃO OBA7

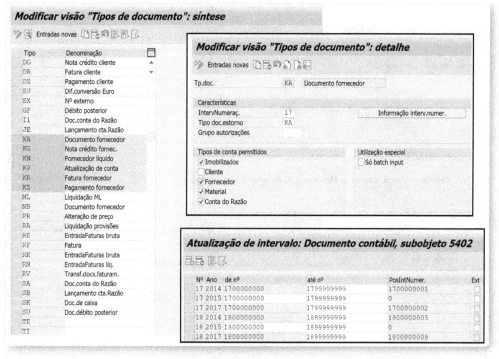

Figura 5.28: Limites de número de documentos AP

5.6.11 Determinação da conta para desconto e diferenças de pagamento

Transação FBKP

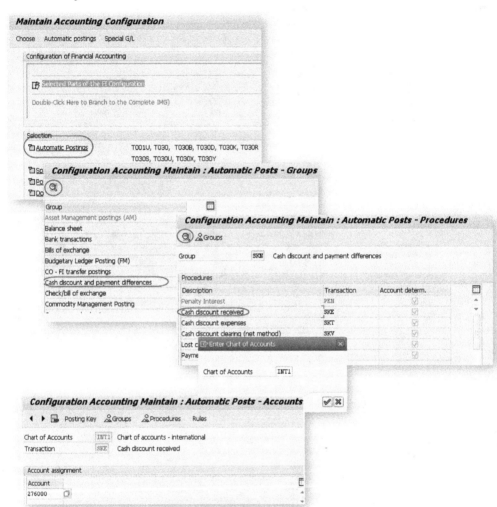

Figura 5.29: Determinação da conta para desconto e diferenças de pagamento

ESPRESSO TUTORIALS

Você concluiu a leitura deste livro.

A Sobre o autor

Ann Cacciottoli é especialista sênior na Deloitte, a maior empresa de serviços profissionais do mundo. Ela tem mais de 14 anos de experiência em entrega de soluções SAP, com foco em SAP Financials e geração de relatórios. Ann vive atualmente em Godfrey, IL. Com seu trabalho de serviço ao cliente, viajou à Europa, Ásia e pelos Estados Unidos.

Ann sente muita satisfação em compartilhar o seu conhecimento e experiência com iniciantes em SAP.

B Índice remissivo

C Anexo – Soluções dos exercícios

Este capítulo fornece as soluções dos exercícios dos capítulos 1 a 4.

Soluções para o Capítulo 1

1.6.1 Faça login no cliente IDES, aumente o menu e responda às seguintes perguntas

1. Indique três códigos de transação para entrar em um documento contabilístico do Ledger Geral (G/L).

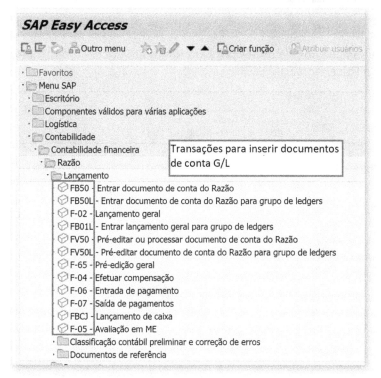

Figura 1: Solução 1.6.1-1

2. Indique três códigos de transação para entrar em um documento de Contas a Pagar (AP).

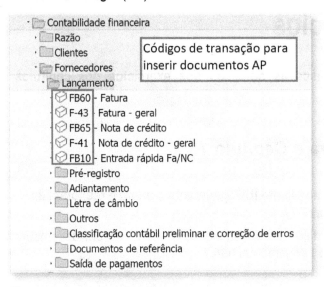

Figura 2: Solução 1.6.1-2

3. Indique três códigos de transação para entrar em um documento de Contas a Receber (AR).

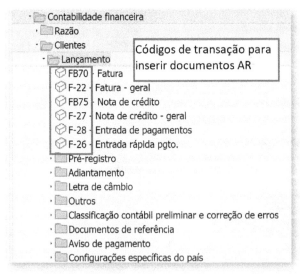

Figura 3: Solução 1.6.1-3

1.6.2 Adicione a transação FB03 - Apresentar na pasta Favoritos

1. Aumente o menu SAP Easy Access de modo a apresentar a transação FB03:

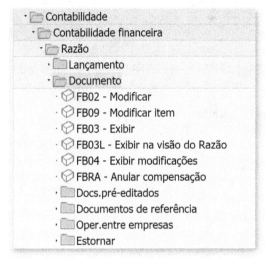

Figura 4: Solução 1.6.2-1

2. Clique com o botão direito do mouse em FB03 e selecione ADD TO FAVORITES

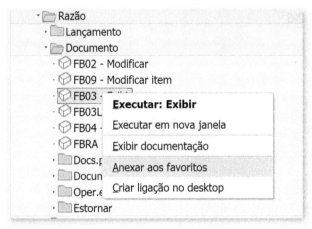

Figura 5: Solução 1.6.2-2

3. Repare que as transações estão agora na pasta Favoritos.

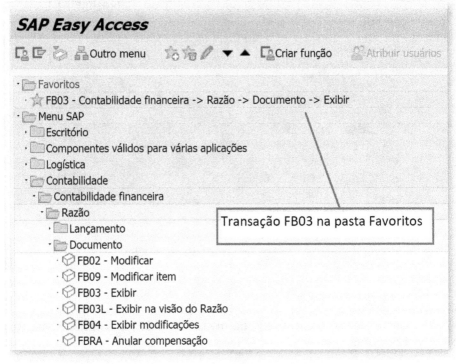

Figura 6: Solução 1.6.2-3

1.6.3 Navegue para a tela Introduzir Documento de Conta G/L e saia sem criar uma entrada

1. Aumente o menu para a transação FB50 e dê um clique duplo para selecionar ou introduzir *FB50* no campo de comando e clique em ✅

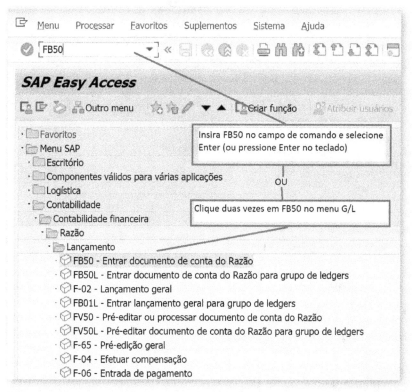

Figura 7: Solução 1.6.3-1

2. Selecione o ícone CANCELAR para regressar ao menu SAP EASY
   ACCESS

Figura 8: Solução 1.6.3-2

Soluções para o Capítulo 2

2.4.1 Adicione uma conta G/L (conta de despesas)

1. Use a transação FS00 para copiar a conta 474270 para 474272.

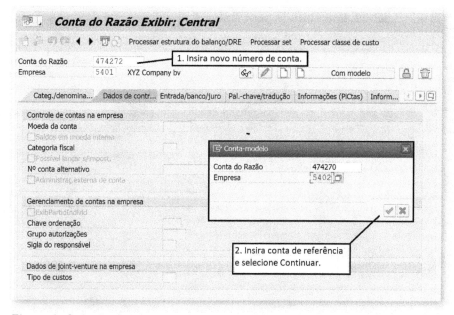

Figura 9: Solução 2.4.1-1

2. Introduza um texto para a conta e salve 💾.

Conta do Razão Exibir: Central

Processar estrutura do balanço/DRE   Processar set   Processar classe de custo

Conta do Razão   474272
Empresa   5403   NewCO   Com modelo

Categ./denomina... Dados de controle   Entrada/banco/juro   Pal.-chave/tradução   Informações (PlCtas)   Inform...

Controle no plano de contas
Grupo de contas   PL Contas de resultados
⦿ Conta de resultados
◯ Conta do balanço

Denominação
Texto breve   Custos de viagem
Txt.descr.cta.Razão   Custos de viagem, portagens

Dados de consolidação no plano de contas
Soc.parc.negócios
Nº conta do grupo   312400   Viagens

Figura 10: Solução 2.4.1-2

2.4.2 Lance uma entrada para incluir a nova conta de despesas

1. Use a transação FB50 e introduza a informação do documento. Clique em 🖫 para lançar a entrada.

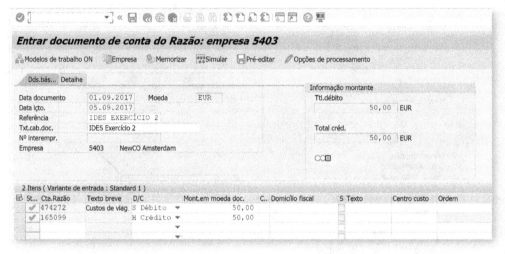

Figura 11: Solução 2.4.2-1

2. Use a transação FB03 para apresentar o documento.

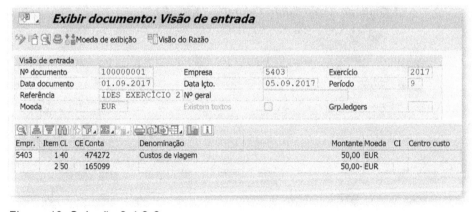

Figura 12: Solução 2.4.2-2

2.4.3 Adicione um item aberto à conta G/L

1. Use a transação FS00 para copiar a conta 159100 para 159105.

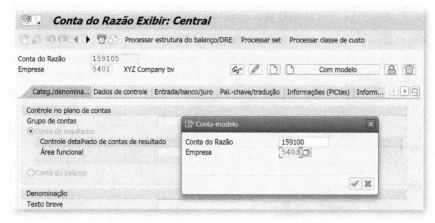

Figura 13: Solução 2.4.3-1

2. Introduza um texto para a conta e clique em 💾.

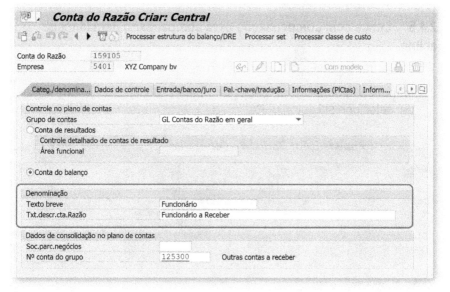

Figura 14: Solução 2.4.3-2

2.4.4   Lance uma entrada para a nova conta de item aberta

1. Use a transação FB50.

2. Introduza detalhes para a entrada e clique em 💾 para lançar.

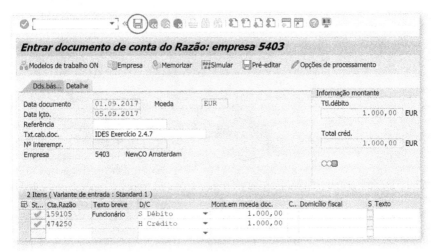

Figura 15: Solução 2.4.4-2

2.4.5 Lance com compensação para compensar o item lançado acima.

1. Use a transação F-04.

2. Introduza informação de cabeçalho para o documento e, em seguida, selecione SELECIONAR PA.

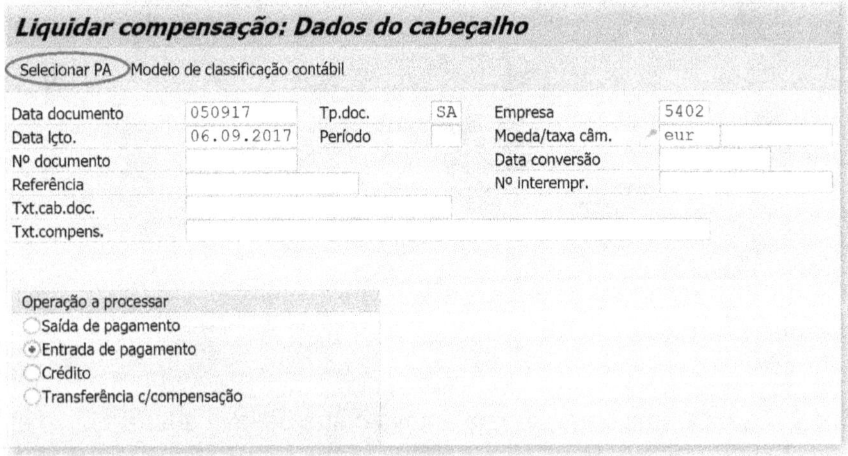

Figura 16: Solução 2.4.5 2

3. Escolha NO DOCUMENTO e selecione POCESSAR PA.

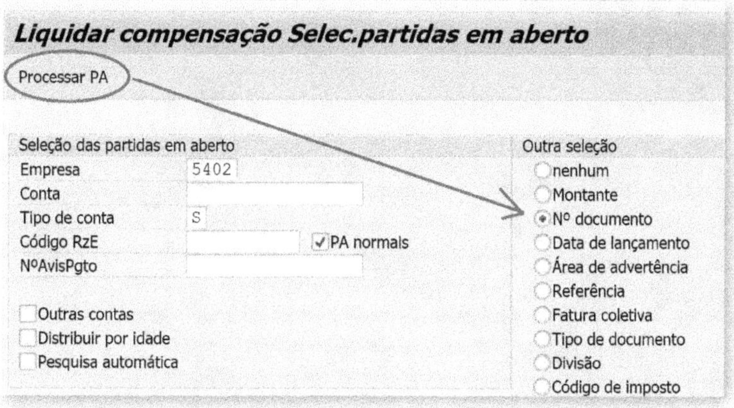

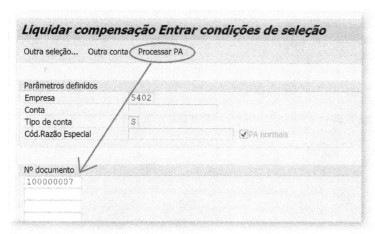

Figura 17: Solução 2.4.5-3

4. Introduza o número do documento do passo 2.4.4 e escolha PRO-CESSAR PA.

Figura 18: Solução 2.4.5-4

5. Selecione DAR BAIXA A DIFER.

Figura 19: Solução 2.4.5-5

6. Introduza a chave de lançamento 40 e clique em ⊘.

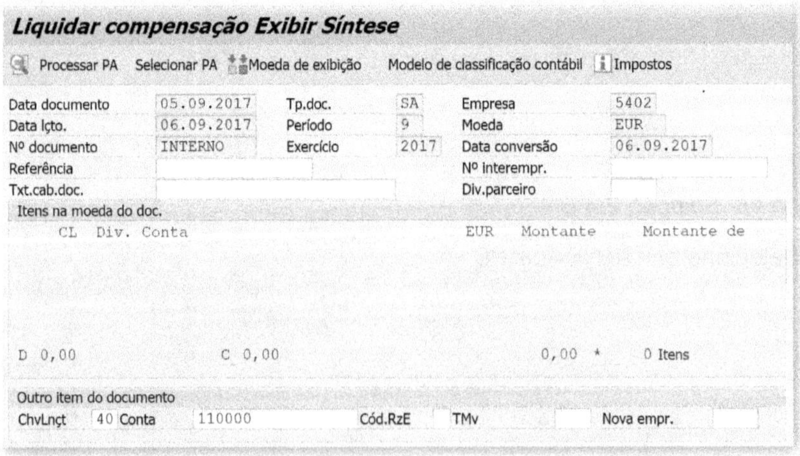

Figura 20: Solução 2.4.5-6

7. Introduza um montante e clique em 🖫 para lançar o documento.

Liquidar compensação Inserir Item cta.do Razão

🔎 🗋 🗋 🖺 Selecionar PA   Processar PA   Dados adicionais   Modelo de classificação contábil

Conta do Razão	110000	Conta corrente
Empresa	5402	My New Company

Item 1 / Lançamento em débito / 40

Montante	1000	EUR
		☐ Calcular IVA
Divisão		Div.parceiro
Centro de lucro		
Elemento PEP		

⇨ Mais

Data efetiva	04.09.2017
Atribuição	
Texto	

🖫 TxtsDesc.

Item seguinte do documento

ChvLnçt	Conta		Cód.RzE	TMv		Nova empr.

Figura 21: Solução 2.4.5-7

2.4.6   Apresente documentos lançados

1. Use a transação FB03.

2. Introduza o número do documento e clique em ✅.

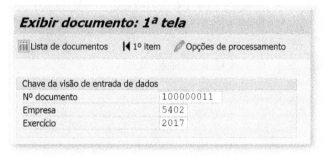

Exibir documento: 1ª tela

📋 Lista de documentos   ◀ 1º item   ✏ Opções de processamento

Chave da visão de entrada de dados

Nº documento	100000011
Empresa	5402
Exercício	2017

Figura 22: Solução 2.4.6-2

3. Escolha o item ENCERRA e repita o passo 2 para o segundo documento.

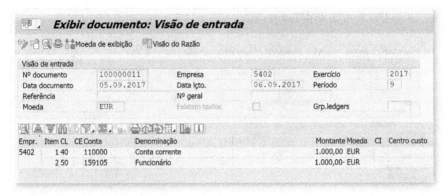

Figura 23: Solução 2.4.6-3

4. Escolha ENCERRA 🔄 para voltar ao menu.

Soluções para o Capítulo 3

3.5.1   Crie um cliente

1. Use a transação FD01. Selecione o novo grupo de conta e clique em ✓ para continuar.

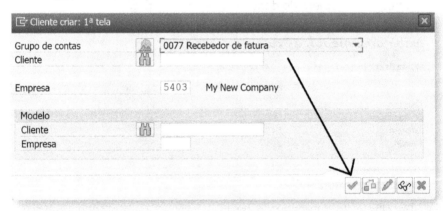

Figura 24: Solução 3.5.1-1

2. Introduza a informação de cliente e, em seguida, escolha DADOS DA EMPRESA.

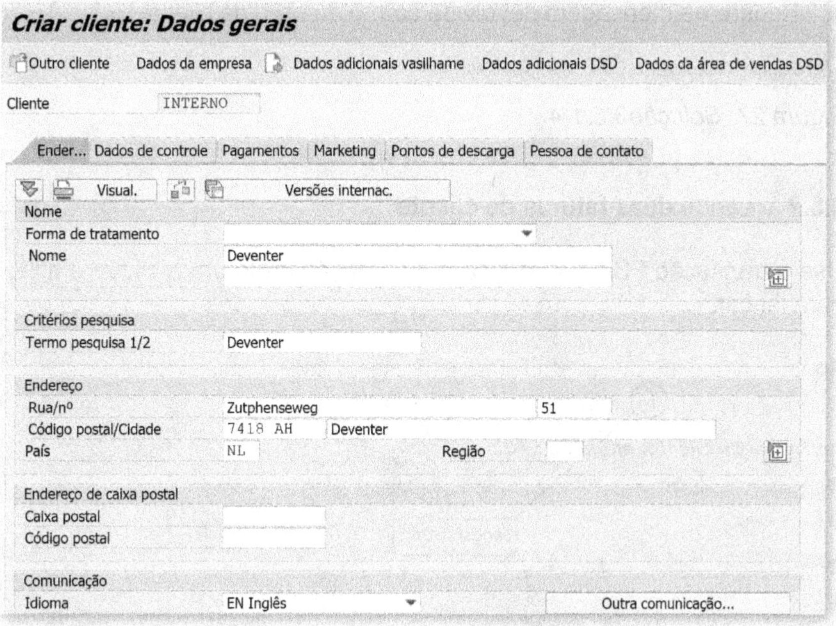

Criar cliente: Dados gerais

Outro cliente   Dados da empresa   Dados adicionais vasilhame   Dados adicionais DSD   Dados da área de vendas DSD

Cliente   INTERNO

Ender... | Dados de controle | Pagamentos | Marketing | Pontos de descarga | Pessoa de contato

Visual.   Versões internac.

Nome
Forma de tratamento
Nome   Deventer

Critérios pesquisa
Termo pesquisa 1/2   Deventer

Endereço
Rua/nº   Zutphenseweg   51
Código postal/Cidade   7418 AH   Deventer
País   NL   Região

Endereço de caixa postal
Caixa postal
Código postal

Comunicação
Idioma   EN Inglês   Outra comunicação...

Figura 25: Solução 3.5.1-2

3. Introduza a conta de reconciliação e clique em 🖫.

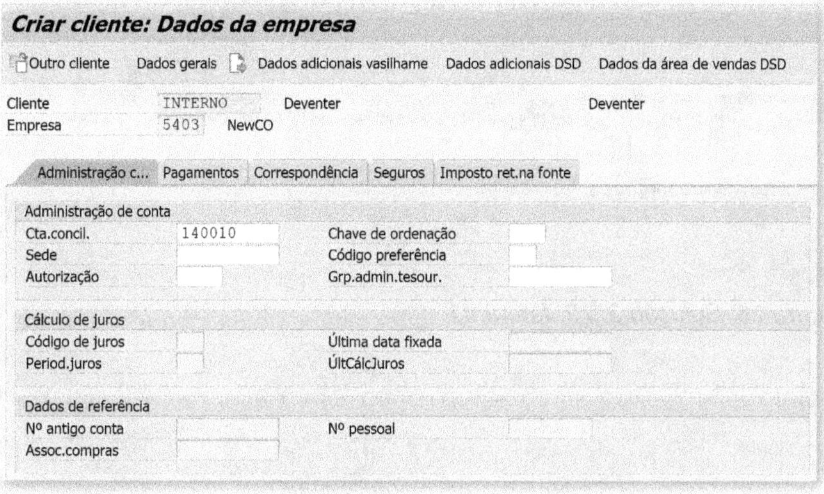

Criar cliente: Dados da empresa

Outro cliente   Dados gerais   Dados adicionais vasilhame   Dados adicionais DSD   Dados da área de vendas DSD

Cliente   INTERNO   Deventer   Deventer
Empresa   5403   NewCO

Administração c... | Pagamentos | Correspondência | Seguros | Imposto ret.na fonte

Administração de conta
Cta.concil.   140010   Chave de ordenação
Sede   Código preferência
Autorização   Grp.admin.tesour.

Cálculo de juros
Código de juros   Última data fixada
Period.juros   ÚltCálcJuros

Dados de referência
Nº antigo conta   Nº pessoal
Assoc.compras

Figura 26: Solução 3.5.1-3

4. Repare na mensagem devolvida com o número de cliente.

✅ O cliente 0050000005 foi criado na empresa 5403.

Figura 27: Solução3.5.1-4

3.5.2 Lance duas faturas de cliente

Use a transação FB70, introduza a informação da fatura e clique em 🖫 para lançar.

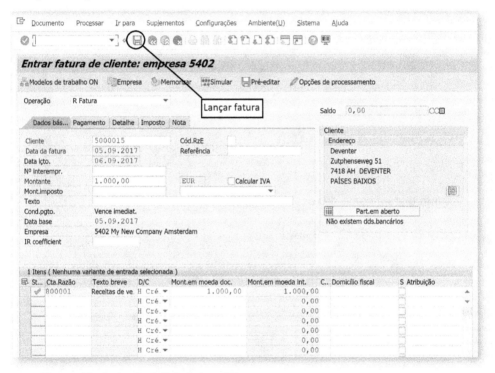

Figura 28: Solução 3.5.2, fatura #1

Figura 29: Solução 3.5.2, fatura #2

3.5.3 Lance um recibo de pagamento para uma das faturas de cliente criadas

1. Execute a transação F-28, introduza a informação do documento e, em seguida, escolha PROCESSAR PA.

Lançar entrada de pagamentos: Dados do cabeçalho

Processar PA

Data documento	050917	Tp.doc.	DZ	Empresa	5402
Data lçto.	06.09.2017	Período	9	Moeda/taxa câm.	EUR
Nº documento				Data conversão	
Referência				Nº interempr.	
Txt.cab.doc.				Div.parceiro	
Txt.compens.	Exercise 3.3				

Dados bancários

Conta	110000	Divisão	
Montante	1000	Montante em MI	
Despesas		Despesas MI	
Data efetiva	04.09.2017	Centro de lucro	
Texto		Atribuição	

Seleção das partidas em aberto

Conta	5000015		Outra seleção
Tipo de conta	D	☐ Outras contas	☐ nenhum
Código RzE		☑ PA normais	☐ Montante
NºAvisPgto			⦿ Nº documento
☐ Distribuir por idade			☐ Data de lançamento
☐ Pesquisa automática			☐ Área de advertência
			☐ outra

Figura 30: Solução 3.5.3-1

2. Introduza o número do documento a compensar e escolha PROCES-SAR PA.

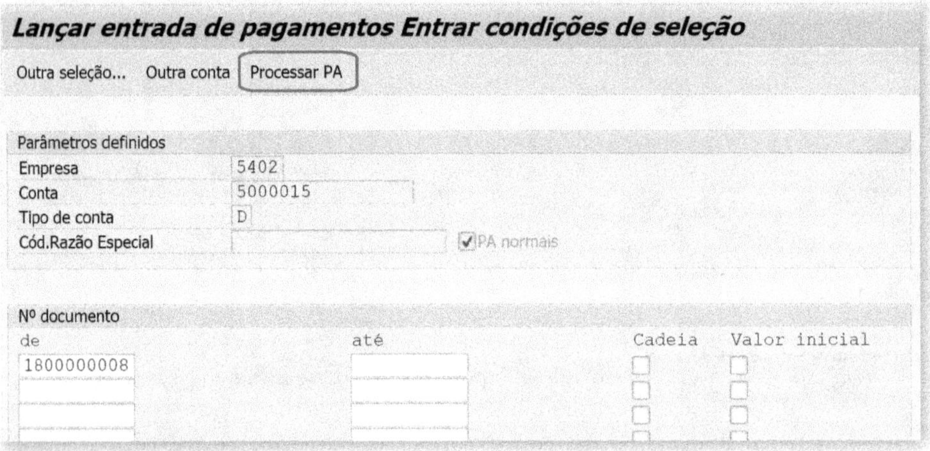

Lançar entrada de pagamentos Entrar condições de seleção

Outra seleção...   Outra conta | Processar PA |

Parâmetros definidos

Empresa	5402
Conta	5000015
Tipo de conta	D
Cód.Razão Especial	☑ PA normais

Nº documento

de	até	Cadeia	Valor inicial
1800000008		☐	☐
		☐	☐
		☐	☐

Figura 31 Solução 3.5.3-2

3. Clique em 💾 para lançar o documento.

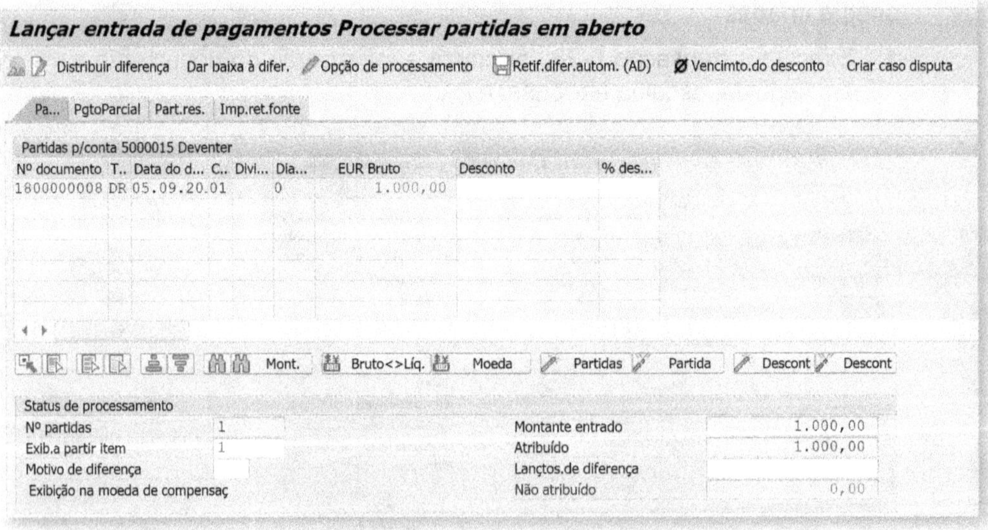

Lançar entrada de pagamentos Processar partidas em aberto

Distribuir diferença   Dar baixa à difer.   Opção de processamento   Retif.difer.autom. (AD)   Ø Vencimto.do desconto   Criar caso disputa

Pa... | PgtoParcial | Part.res. | Imp.ret.fonte

Partidas p/conta 5000015 Deventer

Nº documento	T..	Data do d...	C..	Divi...	Dia...	EUR Bruto	Desconto	% des...
1800000008	DR	05.09.20.01			0	1.000,00		

◄ ►

Mont.   Bruto<>Líq.   Moeda   Partidas   Partida   Descont   Descont

Status de processamento

Nº partidas	1	Montante entrado	1.000,00
Exib.a partir item	1	Atribuído	1.000,00
Motivo de diferença		Lançtos.de diferença	
Exibição na moeda de compensaç		Não atribuído	0,00

Figura 32: Solução 3.5.3-3

3.5.4 Apresente itens abertos com relatórios padrão/códigos de transação

1. Use a transação FBL5N, introduza o código do cliente e da empresa, selecione PROCESSAR PA e clique em ⊕ para executar.

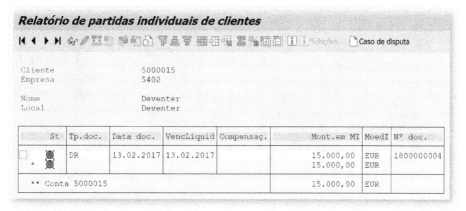

Relatório de partidas individuais de clientes

⊕ 🔓 🗏 ⅰ Fontes de dados

Seleção - cliente
Conta do cliente   5000015   até
Empresa   5402   até

Seleç.c/ajuda p/pesquisa
ID ajud.pesq.
Cad.pesq.

Seleção das partidas
Status
● Partidas em aberto
Aberto à data fixada   06.09.2017

○ Partidas compensadas
Data de compensação   até
Aberto à data fixada

Figura 33: Solução 3.5.4-1

2. São apresentados os itens individuais de cliente. Escolha VOLTAR 🌐 para voltar ao menu.

Relatório de partidas individuais de clientes

◄ ◄ ► ► Seleções   📄 Caso de disputa

Cliente	5000015
Empresa	5402
Nome	Deventer
Local	Deventer

	St	Tp.doc.	Data doc.	VencLiquid	Compensaç.	Mont.em MI	MoedI	Nº doc.
☐	🔵	DR	13.02.2017	13.02.2017		15.000,00	EUR	1800000004
*	🔵					15.000,00	EUR	
** Conta 5000015						15.000,00	EUR	

Figura 34: Solução 3.5.4-2

Soluções para o Capítulo 4

4.5.1 Crie um fornecedor

1. Use a transação FK01, selecione o novo grupo de conta e clique em ⊘.

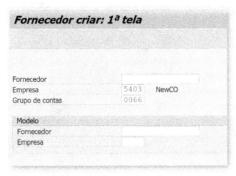

Figura 35: Solução 4.5.1-1

2. Introduza os detalhes e, em seguida, escolha o ícone PRÓXIMA TELA 🗗 até aparecer a tela INFORMAÇÃO CONTÁBIL.

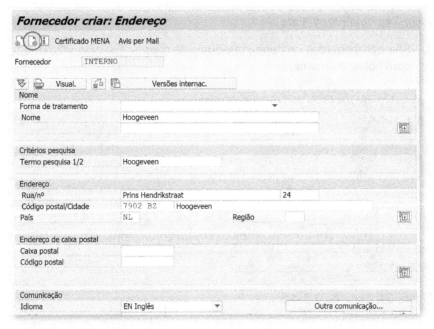

Figura 36: Solução 4.5.1-2

3. Introduza a conta de reconciliação e clique em 🖫.

Figura 37: Solução 4.5.1-3

4.5.2 Lance uma fatura de fornecedor

1. Use a transação FB60, introduza a informação da fatura e clique em 🖫 para lançar o documento.

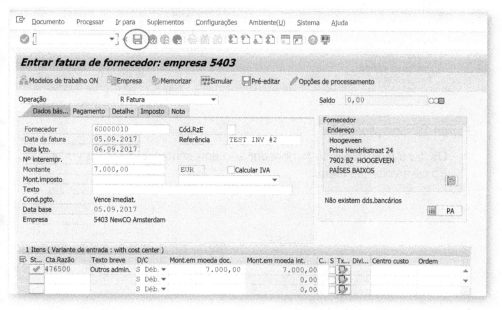

Figura 38: Solução 4.5.2-1

4.5.3   Apresente itens individuais para o fornecedor

1. Use a transação FBL1N, introduza o código do fornecedor e da empresa, selecione ABRIR ITEMS e clique em ⊕ para executar.

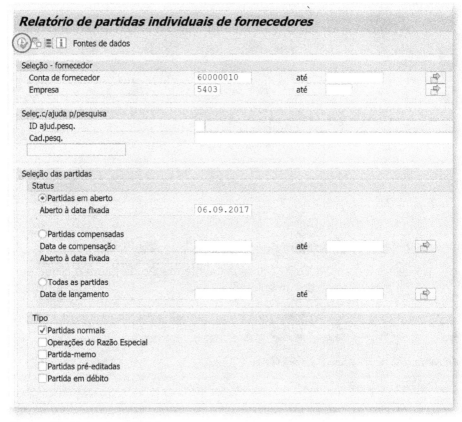

Figura 39: Solução 4.5.3-1

2. Os itens individuais do fornecedor são apresentados. Escolha VOLTA ⊕ para voltar ao menu.

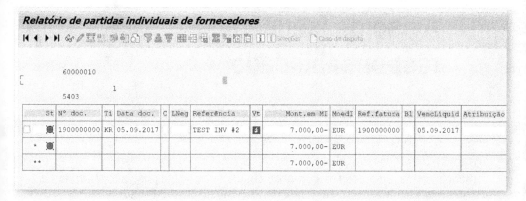

Figura 40: 4.5.3-2

D Aviso de isenção de responsabilidade

Esta publicação contém referências a produtos de SAP SE.

SAP, R/3, SAP NetWeaver, Duet, PartnerEdge, ByDesign, SAP BusinessObjects Explorer, StreamWork e outros produtos e serviços SAP mencionados aqui, assim como os respectivos logotipos, são marcas comerciais ou marcas comerciais registradas da SAP SE na Alemanha e outros países.

Business Objects e o logotipo de Business Objects logo, BusinessObjects, Crystal Reports, Crystal Decisions, Web Intelligence, Xcelsius e outros produtos e serviços da Business Objects mencionados aqui, assim como os seus respectivos logotipos, são marcas comerciais ou marcas comerciais registradas da Business Objects Software Ltd. Business Objects é uma empresa SAP.

Sybase e Adaptive Server, iAnywhere, Sybase 365, SQL Anywhere e outros produtos e serviços da Sybase mencionados aqui, assim como os seus respectivos logotipos, são marcas comerciais ou marcas comerciais registradas da Sybase, Inc. Sybase é uma empresa SAP.

SAP SE não é autor nem editor desta publicação e não é responsável pelo seu conteúdo. SAP Group não será responsabilizada por erros ou omissões relativamente aos materiais. As únicas garantias pelos produtos e serviços de SAP Group são as que estão definidas nas declarações de garantia expressas que acompanham esses produtos e serviços, se houver. Nada do que aqui está contido constitui uma garantia adicional.

Títulos relacionados da Espresso Tutorials:

Ashish Sampat:

Guia para iniciantes do SAP® Controlling

► Visão geral de recursos e funções do SAP Controlling

► Atividades de fechamento mensal em SAP Controlling

► Planejamento do centro de custos e custo do produto, fluxo de custo real

► Exemplos e capturas de tela baseados em estudo de caso

http://5188.espresso-tutorials.com.br

www.ingramcontent.com/pod-product-compliance
Lightning Source LLC
Chambersburg PA
CBHW071111050326
40690CB00008B/1190